Der, Die, Das

Τα γένη στη γερμανική γλώσσα και τα μυστικά τους

Κωνσταντίνος
Βαγενάς

Der, Die, Das: Die Geheimnisse des deutschen Genus (Griechische Übersetzung)
Constantin Vayenas
Übersetzt von Anastasios Ioannidis

Ein Katalogisat dieses Buches ist von der Schweizerischen Nationalbibliothek in den Katalogen Schweizer Buch und Helveticat erhältlich. Beide Kataloge sind online (www.nb.admin.ch) zugänglich.

ISBN 978-3-9524810-9-7

Der, Die, Das: Τα γένη στη Γερμανική γλώσσα και τα μυστικά τους
Κωνσταντίνος Βαγενάς
Μετάφραση: Αναστάσιος Ιωαννίδης

ISBN 978-3-9524810-9-7

Der, Die, Das: The Secrets of German Gender (Greek translation)
Author: Constantin Vayenas
Translated into Greek by Anastasios Ioannidis

ISBN 978-3-9524810-9-7

Περιεχόμενα

Εισαγωγή

Οι επίδοξοι ομιλητές της γερμανικής γλώσσας έρχονται αντιμέτωποι με το αποκαρδιωτικό πρόβλημα ότι δεν γνωρίζουν συχνά το γένος πολλών ουσιαστικών. Το εμπόδιο αυτό κάθε άλλο παρά αμελητέο είναι, δεδομένου ότι τα ουσιαστικά αποτελούν σε γενικές γραμμές πάνω από το εβδομήντα τοις εκατό του λεξιλογίου της γερμανικής γλώσσας.[1] Αν αναλογιστούμε, επιπλέον, ότι τα άρθρα – *der, die, das* – είναι στο σύνολό τους οι λέξεις που χρησιμοποιούνται πιο συχνά στη γερμανική γλώσσα,[2] η αδυναμία μας να αντιστοιχίσουμε πολλά από αυτά με το σωστό ουσιαστικό, σαν φυσικοί ομιλητές, μπορεί να γίνει πραγματικός πονοκέφαλος. Παρόλο που όσοι μαθαίνουν Γερμανικά μπορεί να έχουν αφιερώσει πολλές ώρες για διάβασμα, γνωρίζουν ότι ένα λάθος στο γένος κάποιου ουσιαστικού μπορεί να τους κάνει να φανούν «αδιάβαστοι» και να αποσπάσει την προσοχή του συνομιλητή τους από αυτό που θέλουν να πουν πραγματικά.

Γιατί είναι τόσο δύσκολο για όσους μαθαίνουν Γερμανικά ως ξένη γλώσσα να κατακτήσουν τα γένη; Δύο είναι οι κυριότεροι λόγοι για αυτό: Πρώτον, γιατί τα γένη δεν διδάσκονται. Τα βιβλία της Γραμματικής των Γερμανικών το αποφεύγουν. Ακριβώς όπως τα βιβλία της Γραμματικής των Γερμανικών δεν είναι λεξικά και δεν περιέχουν ορισμούς λέξεων, έτσι δεν θεωρούν υποχρέωσή τους να εξηγήσουν τη σχέση που συνδέει τα ουσιαστικά με τα γένη. Αυτό είναι αρμοδιότητα άλλων, όχι δική τους.[3] Ακριβώς αυτή την προσέγγιση, δηλαδή ότι τα γένη των ουσιαστικών είναι κάτι που δεν μπορεί να διδαχθεί στους μαθητές, βίωσε και ο Αμερικανός συγγραφέας Μαρκ Τουαίην τον 19ο αιώνα με τους Γερμανούς δασκάλους του: «Όλα τα ουσιαστικά έχουν το γένος τους, αλλά η απόδοση του γένους σε αυτά δεν γίνεται με βάση κάποιο λογικό ή συστηματικό κριτήριο. Έτσι, θα πρέπει να μαθαίνει κανείς απ' έξω το γένος του κάθε ουσιαστικού ξεχωριστά. Δεν υπάρχει άλλος τρόπος.»[4]

Έτσι, στην ουσία, όσοι μαθαίνουν Γερμανικά και προσπαθούν να ανακαλύψουν το γένος των ουσιαστικών καλούνται να αποστηθίσουν το λεξικό. Αυτή η βάρβαρη, αλλά αναγκαία μέθοδος διδασκαλίας στηρίχθηκε στην άποψη που ενστερνίστηκαν οι δάσκαλοι του Τουαίην και οι όμοιοί τους, ότι δηλαδή η απόδοση του γένους στα Γερμανικά είναι κατά βάση αυθαίρετη. Κατά συνέπεια, πίστεψαν ότι δεν υπάρχουν ειδικότεροι κανόνες πάνω στο θέμα αυτό τους οποίους θα μπορούσαν να μεταλαμπαδεύσουν σε όσους μάθαιναν τη γλώσσα.[5]

Στη συνέχεια, όμως, ήρθε η εποχή των υπολογιστών με την ικανότητά τους να επεξεργάζονται τεράστιο όγκο δεδομένων. Οι γλωσσολόγοι ξεκίνησαν να μελετούν τα γερμανικά λεξικά με τη βοήθεια διάφορων προγραμμάτων και να εκπονούν διδακτορικές διατριβές με τα αποτελέσματα των μελετών τους. Από τη διαδικασία αυτή προέκυψαν επαναστατικά στοιχεία.[6] Το έργο τους έδειξε ότι η σχέση που συνδέει τα γένη με τα ουσιαστικά δεν ήταν τελικά και τόσο αυθαίρετη. Όσο περισσότερο την ανέλυαν, τόσο περισσότερους συσχετισμούς ανακάλυπταν.

Ωστόσο, αυτά τα σημαντικά πορίσματα *δεν* συμπεριλήφθηκαν στα επίσημα βιβλία της Γραμματικής, καθώς, όπως αναφέρθηκε προηγουμένως, το εν λόγω ζήτημα θεωρείται πως δεν έχει θέση στις σελίδες των βιβλίων αυτών. Αυτό σημαίνει με τη σειρά του ότι τα νέα στοιχεία δεν είναι γνωστά στους καθηγητές Γερμανικών και, κατά συνέπεια, δεν διδάσκονται σε αυτούς που θα μπορούσαν να επωφεληθούν περισσότερο από αυτή τη γνώση, δηλαδή σε όσους μαθαίνουν Γερμανικά. Το γεγονός αυτό δεν σημαίνει, βέβαια, ότι οι καθηγητές Γερμανικών δεν γνωρίζουν πότε να αντιστοιχίζουν τα άρθρα *der*, *die* ή *das* με το αντίστοιχο ουσιαστικό – προφανώς και το γνωρίζουν –, σημαίνει απλώς ότι δεν διδάχθηκαν ποτέ τις αρχές που καθορίζουν το γένος. Αυτό είναι ένα εντελώς διαφορετικό θέμα. Έχει να κάνει κατά κάποιο τρόπο με τη γνώση της ιστορίας των λέξεων. Πολλοί λίγοι από εμάς γνωρίζουμε την ιστορία των λέξεων. Αν έπρεπε να εξηγήσουμε σε κάποιον που μαθαίνει Ελληνικά γιατί, για παράδειγμα, ο φθόγγος /i/ παριστάνεται με τόσα πολλά γράμματα, όπως στις λέξεις *ί*ππος, *ή*λιος, *ύ*πνος, *ει*κόνα, *οί*κος και *υι*οθεσία, δεν θα μπορούσαμε να το κάνουμε. Γνωρίζουμε απλώς πώς να γράφουμε τις λέξεις αυτές και πώς να τις προφέρουμε – κι αυτά είναι όλα όσα χρειάστηκε ποτέ να μάθουμε. Το ίδιο ισχύει και για τους φυσικούς ομιλητές της Γερμανικής: δεν γνωρίζουν το *γιατί* του γένους, κι έτσι δεν μπορούν να μας το εξηγήσουν. Η συμβουλή τους είναι: «Μην ρωτάτε το γιατί, απλά αποστηθίστε».

Και έτσι φτάνουμε στον δεύτερο λόγο που εξηγεί γιατί όσοι μαθαίνουν Γερμανικά ως ξένη γλώσσα δυσκολεύονται να κατακτήσουν τα γένη: Εφόσον δεν μαθαίνουν τους κανόνες που καθορίζουν το γένος των ουσιαστικών μέσα από τα βιβλία της Γραμματικής, θα πρέπει να αποκτήσουν τη γνώση αυτή με κάποιον άλλο τρόπο. Αυτός είναι ο ίδιος τρόπος με τον οποίο μαθαίνουν τα γένη τα παιδιά στη Γερμανία, δηλαδή μέσω της γλωσσικής εμβάπτισης. Είναι πολύ απλό. Στην ηλικία των δύο ετών τα γερμανόπουλα είναι ήδη σε θέση να διαχωρίζουν τα γένη των ουσιαστικών, δείχνοντας μια προτίμηση στη χρήση του αόριστου άρθρου (*ein/eine*) σε σχέση με το οριστικό (*der/die/das*).[7] Στην ηλικία των πέντε ετών κατέχουν τα γένη σε ικανοποιητικό βαθμό, ωστόσο αποφεύγουν ή παραλείπουν συνήθως το οριστικό άρθρο σε περιπτώσεις που δεν γνωρίζουν ποιο είναι το σωστό. Στην ηλικία των επτά ετών, σε πειράματα που χρησιμοποιούν τεχνητά ουσιαστικά με σκοπό να καταγράψουν την αντίδρασή τους, τα γερμανόπουλα τείνουν να αποδίδουν σε αυτές τις τεχνητές λέξεις το ίδιο γένος με τους ενήλικες που συμμετέχουν στο πείραμα.[8] [9] Και τέλος, μέχρι να φτάσουν στην ηλικία των δέκα, τα γερμανόπουλα έχουν κατακτήσει σε ουσιαστικό βαθμό τα γένη της γλώσσας.

Ο εγκέφαλος των Γερμανών είναι, συνεπώς, προγραμματισμένος να αποδίδει ένα συγκεκριμένο γένος στα ουσιαστικά, βασιζόμενος στην πολυετή έκθεσή του στη γλώσσα. Δεν ξέρουν γιατί ο εγκέφαλός τους αποδίδει τελικά σε τεχνητές λέξεις ένα συγκεκριμένο γένος, το οποίο είναι ίδιο με εκείνο που επιλέγουν, επίσης, οι περισσότεροι – απλώς το κάνουν. Δεν μπορούν να εξηγήσουν τι καθορίζει το γένος, απλώς το γνωρίζουν.

Το βιβλίο αυτό επιδιώκει να εξοικειώσει εσάς που μαθαίνετε Γερμανικά ως ξένη γλώσσα με το *τι*, το *γιατί* και το *πώς* του γένους, δηλ. με την «κωδικοποίηση» στην οποία καταφεύγει ο εγκέφαλος των Γερμανών, για να επιλέξει το γένος των τεχνητών λέξεων. Η προσέγγιση που ακολουθείται είναι αυτή της αντίστροφης μηχανικής: Αν γνωρίζετε τι καθορίζει το γένος των ουσιαστικών στα Γερμανικά, τότε έχετε περισσότερες πιθανότητες να εντοπίσετε το σωστό γένος ενός νέου ή άγνωστου ουσιαστικού. Ωστόσο, θα πρέπει να θυμάστε καλά ότι αυτός δεν είναι σε καμία περίπτωση ο τρόπος με τον οποίο οι Γερμανοί έμαθαν τα γένη των ουσιαστικών τους – δεν χρειάσθηκε ποτέ να μάθουν την «κωδικοποίηση» που ορίζει γιατί το κορίτσι, *Mädchen*, δεν είναι θηλυκού γένους. Κάτι τέτοιο δεν το διδάχθηκαν οι φυσικοί ομιλητές της Γερμανικής στο σπίτι ούτε το έμαθαν από τα βιβλία της Γραμματικής στο σχολείο. Εφόσον, όμως, δεν έχετε εκτεθεί στη γλώσσα ως παιδιά, όπως εκείνοι, – για να μην αναφέρουμε τις ατέλειωτες ώρες έκθεσης που ακολούθησαν στη συνέχεια, – και εφόσον δεν επιθυμείτε να αποστηθίσετε αυθαίρετα το γένος του κάθε ουσιαστικού που περιέχεται στο λεξικό, τότε το επόμενο καλύτερο πράγμα που μπορείτε να κάνετε είναι να ρίξετε μια ματιά σε αυτή την «κωδικοποίηση». Οι δύο βασικές αρχές από τις οποίες διέπεται είναι ότι τα γένη των ουσιαστικών στα Γερμανικά ορίζονται κατά *κατηγορίες* και *φθόγγους*.

1ος Κανόνας: Κατηγορίες

Τα ουσιαστικά που ανήκουν στις ίδιες *κατηγορίες πραγμάτων* έχουν κατά κανόνα το ίδιο γένος. Έτσι, τα χρώματα και τα ονόματα φαρμακευτικών και χημικών ουσιών είναι συνήθως ουδέτερου γένους, οι αριθμοί και τα ονόματα λουλουδιών και καρπών είναι συνήθως θηλυκού γένους και οι εποχές, οι ημέρες και οι μήνες είναι αρσενικού γένους. Γνωρίζοντας, για παράδειγμα, ότι σχεδόν όλα τα ποτά και τα ροφήματα είναι αρσενικά, έχετε τον κωδικό πρόσβασης για να ξεκλειδώσετε το γένος του καπουτσίνο, του κόκκινου τσαγιού Ρόϊμπος, του κρασιού Μερλό και του χυμού μήλου.[10]

Δεδομένου ότι οι κατηγορίες παίζουν σημαντικό ρόλο στον καθορισμό του γένους, κάθε φορά που επινοούνται νέα αντικείμενα, τα αντίστοιχα ουσιαστικά τείνουν να λαμβάνουν το γένος που έχουν οι λέξεις με παρόμοια σημασία. Για παράδειγμα, όταν εφευρέθηκε το κινητό τηλέφωνο, έγινε ουδέτερο, *das Handy*, καθώς ανήκε στην ίδια κατηγορία με το *das Telefon.*

Οι κατηγορίες προσφέρουν τεράστια βοήθεια στην αναγνώριση του σωστού γένους. Τόσο μεγάλη που μπορούμε ακόμη και να εντοπίσουμε ορισμένα μοναδικά χαρακτηριστικά για το κάθε γένος.

Το ουδέτερο γένος αποτελεί συνήθως την κατηγορία πολλών εκ των βασικών στοιχείων της φύσης (ατόμων, μορίων, ηλεκτρονίων, νετρονίων και της ίδιας της ζωής, *das Leben*). Δεν πρέπει, συνεπώς, να μας εκπλήσσει το γεγονός ότι σχεδόν όλα τα στοιχεία του Περιοδικού Πίνακα είναι ουδέτερου γένους. Η σύνδεση του ουδέτερου γένους με τη Φυσική γίνεται εμφανής μέσα από αρκετές μονάδες μέτρησης: *das Ampere, das Ohm, das Watt, das Volt, das Newton, das Celsius, das Fahrenheit, das Kelvin, das Kilogramm.*

Επιπλέον, το ουδέτερο είναι το γένος των ανώτερων επιπέδων κατηγοριοποίησης των αντικειμένων της Φύσης, όπως είναι «το σύμπαν» ή «το ζώο». Δηλαδή, στην κορυφή της πυραμίδας μιας γενικής κατηγορίας βρίσκεται συχνά ένα ουδέτερο ουσιαστικό, όπως είναι για παράδειγμα η κατηγορία *das Tier*, στην οποία υπάγονται όλα τα ουσιαστικά που προσδιορίζουν το κάθε μέλος του ζωικού βασιλείου. Μοιάζει σαν να γεννήθηκε πρώτα το ουδέτερο γένος και μετά όλα τα υπόλοιπα.

Ένας άλλος τρόπος προσέγγισης στο θέμα είναι με τη βοήθεια των διαγραμμάτων Venn – εκείνων των κύκλων που μάθαμε στο σχολείο. Αν εφαρμόζαμε τα διαγράμματα Venn στα γένη της γερμανικής γλώσσας, τότε το ουδέτερο θα αποτελούσε κατά κανόνα τον εξωτερικό κύκλο, στον οποίο εσωκλείονται όλα τα υπόλοιπα.

Όπως μπορούμε να δούμε στο σχήμα 1, ενώ το ουδέτερο γένος αποτελεί κατά κανόνα τον ευρύτερο κύκλο της κατηγορίας του, τα επιμέρους συστατικά του που βρίσκονται μέσα σε αυτόν μπορούν να είναι οποιοδήποτε αντικείμενο, έχοντας το καθένα το δικό του γένος, συμπεριλαμβανομένου και του ουδετέρου.

Σχήμα 1: Αναπαράσταση του ουδετέρου ως του γένους που χαρακτηρίζει την ευρύτερη κατηγορία πραγμάτων

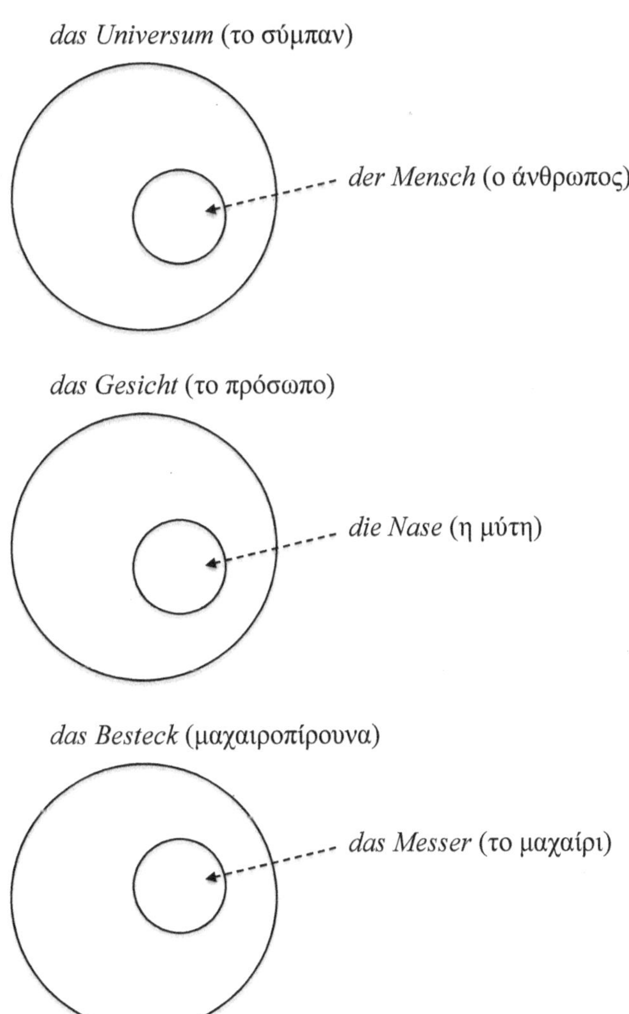

Το ουδέτερο γένος έχει, επίσης, και άλλα χαρακτηριστικά. Δεσπόζει σε όλα τα ουσιαστικά, καθώς αποτελεί το προεπιλεγμένο γένος των υποκοριστικών. Κάθε φορά που ο Γιάννης γίνεται Γιαννάκης, το γένος του αλλάζει στα Γερμανικά και γίνεται ουδέτερο: *das Hänschen klein, das Büblein*. Για τον ίδιο λόγο, ακόμη και το μικρό κορίτσι είναι ουδέτερου γένους: *das Mädchen*.

Η ικανότητα του ουδετέρου να ρυθμίζει το γένος των ουσιαστικών φαίνεται, επίσης, από την ισχύ που ασκεί πάνω σε αρκετά ουσιαστικά που δανείζεται η Γερμανική από ξένες γλώσσες. Με αυτό ως δεδομένο, μπορεί κανείς να μαντέψει το άρθρο του *Jogging*, του *Tennis*, του *Poker* and του *Croissant* – είναι για όλα το *das*.

Όταν ένα τέτοιο γλωσσικό δάνειο δεν είναι ουδέτερου γένους, αυτό συμβαίνει συνήθως επειδή υπάρχει ήδη στα Γερμανικά μια συνώνυμη λέξη άλλου γένους. Και καθώς οι κατηγορίες στοχεύουν στην απλοποίηση, το πιο απλό πράγμα που μπορεί να κάνει κανείς είναι να εντάξει την εισαγόμενη λέξη στην υπάρχουσα κατηγορία στην οποία ανήκει.

Το ουδέτερο έχει, επίσης, τη μοναδική ιδιότητα να αποτελεί το γένος της έσχατης ανάγκης – το προεπιλεγμένο γένος, δηλαδή, για το «αυτό», το «εκείνο» ή το υποκείμενο απρόσωπων εκφράσεων – χωρίς να γίνεται πιο συγκεκριμένο. Για παράδειγμα μπορείτε να πείτε «Was ist denn *das*?» ή «*es* hat mich gefreut», ακόμη κι αν αναφέρεστε σε ένα πράγμα, πρόσωπο ή κατάσταση οποιουδήποτε γένους, καθώς το ουδέτερο συγκαλύπτει αυτό στο οποίο αναφέρεστε συγκεκριμένα, έστω και αν μπορεί να προκύψει από τα συμφραζόμενα. Τη στιγμή, όμως, που θα προσδιορίσετε το ουσιαστικό, το ουδέτερο, που σας βοήθησε προηγουμένως στη συγκάλυψη, γίνεται αμείλικτος εχθρός και θα πρέπει να αντιστοιχίσετε το ουσιαστικό με το γένος του.

Ας δούμε στη συνέχεια τα χαρακτηριστικά των θηλυκών και των αρσενικών ουσιαστικών, καθώς διαφέρουν μεταξύ τους.

Το θηλυκό είναι το γένος *σχεδόν των μισών* ουσιαστικών στα Γερμανικά.[11] Δεδομένης αυτής της μεγάλης αναλογίας, θα μπορούσαμε βασικά να ισχυριστούμε ότι από στατιστικής άποψης τα ουσιαστικά στα Γερμανικά είναι είτε θηλυκά είτε κάτι άλλο: περίπου τριάντα τοις εκατό είναι αρσενικά και περίπου είκοσι τοις εκατό ουδέτερα. Στην πραγματικότητα, το θηλυκό είναι τόσο κυρίαρχο ως γένος που όταν τα πεντάχρονα γερμανόπουλα κάνουν λάθος στην επιλογή του άρθρου ενός ουσιαστικού, χρησιμοποιούν καταχρηστικά το *die* – ξεκάθαρη ένδειξη ότι το ακούν πιο συχνά σε σχέση με το *der* και το *das*.[12]

Αν το ουδέτερο συνδέεται στενά με τον φυσικό κόσμο, το θηλυκό είναι κυρίως το γένος των πιο αφηρημένων εννοιών. Θηλυκό είναι το γένος των αριθμών, των μαθηματικών, ορισμένων σχημάτων, ορισμένων συμπεριφορών, της λογικής, της αγάπης, ακόμη και της μαγείας. Η σχέση του με τους αριθμούς χαρίζει στο θηλυκό γένος την ικανότητα να μετατρέπει ουσιαστικά ενικού αριθμού σε περιληπτικές έννοιες που εμπεριέχουν πλήθος πραγμάτων, γεγονός το οποίο εξηγεί γιατί το ουσιαστικό *die Mannschaft* είναι ενικού αριθμού και θηλυκού γένους, παρόλο που θα μπορούσε κάλλιστα να αναφέρεται σε μια ομάδα ανδρών.

Το ερώτημα σχετικά με το τι ακριβώς διαφοροποιεί τα ουσιαστικά ως προς το γένος τους κέντρισε το ενδιαφέρον όσων αναζητούσαν απαντήσεις. Όταν στα τέλη του 19ου αιώνα οι Γερμανοί γλωσσολόγοι άρχισαν να δημοσιεύουν έρευνες σχετικά με τις διαφορές ανάμεσα στα θηλυκά και τα αρσενικά ουσιαστικά, ξεκίνησαν αναπόφευκτα από το παλαιότερο στοιχείο που θα μπορούσαν να έχουν βρει: μια ανάλυση του γένους των ουσιαστικών της αρχαίας ελληνικής και της λατινικής γλώσσας.[13] Όπως τα Γερμανικά, έτσι και οι δύο αυτές αρχαίες γλώσσες διαθέτουν τρία γένη – και επηρέασαν τη Γερμανική.

Γιατί, λοιπόν, για παράδειγμα, η γερμανική λέξη για το κυνήγι, *Jagd*, να είναι γένους θηλυκού; Δεν ήταν το κυνήγι, από την εποχή των σπηλαίων, καθήκον των αρσενικών; Ακόμη και στη σύγχρονη εποχή δεν θεωρείται παραδοσιακά ως μια ανδρική ασχολία;

Η αναζήτηση πιθανών απαντήσεων στους αρχαίους Έλληνες και τους Ρωμαίους απέδωσε μερικούς ενδιαφέροντες συσχετισμούς. Ήταν απλή σύμπτωση ότι τόσο οι Έλληνες όσο και οι Ρωμαίοι λάτρευαν μια γυναίκα ως θεά του κυνηγιού, την Άρτεμη και τη Ντιάνα; Ακόμη και αν το κυνήγι ήταν δουλειά των ανδρών, αυτοί ήταν πιθανό να επέστρεφαν με άδεια χέρια, χωρίς τροφή για την οικογένεια. Συνεπώς, έπρεπε να σέβονται τη θεά του κυνηγιού – ήταν αυτή που επέβλεπε το κυνήγι, *die Jagd.* Ήταν εκεί στην άγρια φύση (*die Wildnis*) κατά την αναζήτηση (*die Suche*) τροφής (*die Nahrung, die Speise, die Kost*). Βοηθούσε, όταν έπεφτε το σκοτάδι (*die Finsternis*) και όταν ήταν αναγκαίος ένας γρήγορος τρόπος διαφυγής (*die Flucht*) από τον κίνδυνο (*die Gefahr*). Φαίνεται ότι, δεδομένης όλης αυτής της δύναμης (*die Macht*), το κυνήγι έπρεπε να είναι θηλυκού γένους!

Κατά τον ίδιο τρόπο πιθανότατα, εκείνες οι πρώτες γενεές απέφευγαν να τα βάλουν με τους άρρενες θεούς του πολέμου, του κρασιού, του πλούτου, του ύπνου, των ονείρων, του ουρανού, του ωκεανού, του ανέμου και του θανάτου– *der Krieg, der Wein, der Reichtum, der Schlaf, der Traum, der Himmel, der Ozean, der Wind, der Tod.* Και για τον ίδιο λόγο ήταν πιο ασφαλές να αναγνωρίσουν τις θηλυκές θεότητες της αγάπης, της ομορφιάς, της σοφίας, της δικαιοσύνης, της βίας, της νύχτας, της μαγείας, της τέχνης, της επιστήμης, της ποίησης, της μουσικής, της τραγωδίας, των ύμνων, της κωμωδίας και της αστρονομίας – *die Liebe, die Schönheit, die Weisheit, die Gerechtigkeit, die Gewalt, die Nacht, die Magie, die Kunst, die Wissenschaft, die Poesie, die Musik, die Tragödie, die Hymne, die Komödie, die Sternkunde.*

Βέβαια, τα γερμανικά φύλα είχαν ταυτόχρονα και τις δικές τους διαφορετικές εμπειρίες. Παρά το γεγονός ότι ο ήλιος ήταν για τους αρχαίους Έλληνες και τους Ρωμαίους αρσενική θεότητα, και η λέξη «ήλιος» παραμένει αρσενικού γένους μέχρι σήμερα στα Ελληνικά, τα Ιταλικά, τα Γαλλικά, τα Ισπανικά και τα Πορτογαλικά, οι Γερμανοί προτίμησαν ένα θηλυκό ουσιαστικό: *die Sonne*. Μήπως εξαιτίας της γερμανικής θεάς του ήλιου, της Sunna, της οποίας ο αδελφός είναι η σελήνη, *der Mond*;

Η σοφία είναι θηλυκό ουσιαστικό τόσο στα αρχαία Ελληνικά όσο και στα Λατινικά. Η φιλοσοφία, η οποία προέρχεται από τις αρχαιοελληνικές λέξεις *φιλεῖν* και *σοφία*, και σημαίνει την αγάπη για τη γνώση, είναι γένους θηλυκού τόσο στα Ελληνικά όσο και στα Γερμανικά. Ίσως, λοιπόν, δεν προκαλεί και τόσο μεγάλη έκπληξη το γεγονός ότι η γνώση και η σοφία αποτελούν κατηγορία θηλυκού γένους και στα Γερμανικά. Αναλογιστείτε, επίσης, την τυφλή Δικαιοσύνη. Έτσι, έχουμε: *die Art, die Besonnenheit, die*

Bildung, die Einsicht, die Gerechtigkeit, die Intelligenz, die Justiz, die Kenntnis, die Klugheit, die Kunst, die Methode, die Methodik, die Philosophie, die Ratio, die Sorgfalt, die Technik, die Technologie, die Umsicht, die Vorausschau, die Voraussicht, die Vorsicht, die Vernunft, die Weise, die Weisheit, die Weitsicht.

Αν μελετήσουμε περαιτέρω τις διαφορές ανάμεσα στα χαρακτηριστικά των θηλυκών και των αρσενικών ουσιαστικών της γερμανικής γλώσσας, θα διαπιστώσουμε ότι τα αφηρημένα ουσιαστικά θηλυκού γένους αναφέρονται συνήθως σε πιο υποτακτικά γνωρίσματα, ενώ τα αφηρημένα ουσιαστικά αρσενικού γένους αναπαριστούν περισσότερο επιθετικές έννοιες.[14]

Το θάρρος (*der Mut*), η υπεροψία (*der Hochmut*), το θράσος (*der Übermut*) και το σφάλμα (*der Irrtum*) είναι αρσενικά. Αντιθέτως, τα ουσιαστικά τα οποία θα μπορούσαν να αποδοθούν στη Σταχτοπούτα είναι θηλυκά: η ταπεινοφροσύνη (*die Demut*), η υπομονή (*die Geduld*), η καλοσύνη (*die Gutherzigkeit*), και, δυστυχώς, η φτώχεια (*die Armut*). Η φτώχεια μπορεί να προκαλέσει πολλές ανησυχίες: *die Angst, die Sorge, die Besorgnis.* Ας μην ξεχνούμε, όμως, και τα ουσιαστικά που αναφέρονται στις ετεροθαλείς αδελφές της Σταχτοπούτας: η ζήλεια (*die Eifersucht*), η ασχήμια (*die Hässlichkeit*), η κακομεταχείριση (*die Misshandlung*), η αγριότητα (*die Grausamkeit*) και η κακία (*die Gemeinheit*).

Ωστόσο, το θηλυκό γένος συναντάται εκεί όπου κατοικοεδρεύει η πραγματική δύναμη: *die Kraft, die Macht, die Leistung, die Energie, die Stärke, die Festigkeit, die Belastbarkeit, die Gewalt, die Befugnis* (η εξουσιοδότηση), *die Wucht* (η ορμή), *die Potenz, die Mächtigkeit, die Herrschaft* (η κυριαρχία), *die Vollmacht* (η πληρεξουσιότητα), *die Behörde, die Autorität, die Regierung, die Kontrolle* (η εποπτεία), *die Steuerung* (η διοίκηση).

Αντιθέτως, η δύναμη στα αρσενικά φαίνεται να συνδέεται με τη φυσική τους διάπλαση. Στο ζωικό βασίλειο, τα μεγάλα τρομακτικά ζώα είναι κατά κανόνα αρσενικά: *der Dinosaurier, der Elefant, der Gorilla, der Orang-Utan*, ενώ τα μικρότερα, λιγότερο τρομακτικά (*die Maus*) ή περισσότερο κομψά ζώα (*die*

Giraffe) είναι κυρίως θηλυκά. Αυτό αποτελεί ένδειξη ότι στο φύλο αντανακλάται, επίσης, η μορφή και το σχήμα.

Αντικείμενα με επίμηκες σχήμα είναι συνήθως αρσενικού γένους, όπως βέλη (*der Pfeil*), παλούκια (*der Pfahl*), πυλώνες και στύλοι (*der Pfeiler*), πάσσαλοι (*der Pfosten*), κατάρτια (*der Mast*), ραβδιά και ράβδοι (*der Stab*), βέργες (*der Stecken*), μπαστούνια (*der Stock*), κορμοί δέντρων (*der Stamm*) και στελέχη φυτών (*der Stiel*). Αντιθέτως, οι επίπεδες επιφάνειες είναι συνήθως θηλυκού γένους: τοίχοι, πόρτες, οροφές, πίνακες, πεδιάδες κλπ. – *die Fläche, die Ebene, die Wand, die Mauer, die Tafel, die Decke, die Tür, die Seite, die Flanke, die Platte*. Τα κοίλα αντικείμενα είναι, επίσης, κατά κανόνα θηλυκά: κουτιά, μεταλλικά δοχεία, κονσερβοκούτια, σπηλιές, ταμπούρλα, αγωγοί, σωλήνες – *die Büchse, die Box, die Dose, die Höhle, die Schachtel, die Trommel, die Tube, die Röhre*. Αλλά και τα αιχμηρά αντικείμενα (βελόνες, πιρούνια, πένσες, ψαλίδια, οπλές και γάντζοι) είναι συνήθως θηλυκά: *die Nadel, die Gabel, die Zange, die Schere, die Klaue, die Kralle, die Pratze*.

Όπως όταν μια κληρονομιά μοιράζεται ανάμεσα σε γιούς και κόρες, έτσι τα αγόρια πήραν ένα μεγάλο κομμάτι του στερεώματος: τους ουρανούς, τους πλανήτες, τους δορυφόρους και τα αστέρια. Τα κορίτσια, από την άλλη, πήραν τον ήλιο, τη Γη και τον πλανήτη Αφροδίτη.

Όταν ένα ουσιαστικό της Γερμανικής δεν εμπίπτει σε μια κατηγορία, αν και φαινομενικά θα έπρεπε, τότε ίσως θα πρέπει να εξετάσουμε το ενδεχόμενο μήπως η επίμαχη κατηγορία θα μπορούσε να' αποτυπωθεί ως ένα συνεχές ή μια ιεραρχική δομή. Ας δούμε το παράδειγμα του χρόνου. Τα μικρότερα σε διάρκεια χρονικά διαστήματα είναι θηλυκού γένους: *die Zeit, die Uhr, die Stunde, die Minute, die Sekunde*. Τα μεγαλύτερα είναι ουδέτερου γένους: *das Jahr, das Jahrzehnt* (δεκαετία), *das Jahrhundert* (αιώνας), *das Jahrtausend* (χιλιετία), και τα ενδιάμεσα διαστήματα αρσενικού: *der Tag, der Monat*. Αν ακόμη και τότε ένα ουσιαστικό δεν μπορεί να ενταχθεί στην αντίστοιχη κατηγορία, όπως είναι η περίπτωση των *die Woche*, *die Dekade, die Epoche*, τότε θα πρέπει να καταφύγουμε στον άλλο κωδικό πρόσβασης για τη λύση του μυστηρίου: τους *φθόγγους*.

2ος Κανόνας: Φθόγγοι

Τα ουσιαστικά που αρχίζουν από συγκεκριμένα γράμματα, λήγουν σε συγκεκριμένα γράμματα ή περιέχουν παρόμοιους ρινικούς ή φωνηεντικούς φθόγγους έχουν συνήθως το ίδιο γένος. Η διαπίστωση αυτή αποτελεί τη συνέχεια του κανόνα των κατηγοριών: παρόμοια αντικείμενα έχουν συνήθως το ίδιο γένος. Όλες αυτές οι κατηγοριοποιήσεις επιδιώκουν έναν και μοναδικό σκοπό: να διευκολύνουν την επικοινωνία ανάμεσα στα μέλη της οικογένειας. Είναι θέμα σαφήνειας και επιβίωσης. Αν στο ημίφως των κεριών μιας κουζίνας της εποχής του Μεσαίωνα ζητήσετε ένα κουτάλι από κάποιον, δεν θα θέλετε σίγουρα να σας δώσει το μαχαίρι.

Η χρήση του σωστού γένους θα διασφαλίσει εις διπλούν ότι η επικοινωνία σας διεξάγεται με ακρίβεια. Επομένως, δεν προκαλεί ίσως και τόσο μεγάλη έκπληξη η διαπίστωση ότι τα ουσιαστικά που περιέχουν κάποιον συγκεκριμένο φθόγγο συνδέονται συνήθως με κάποιο συγκεκριμένο γένος. Τα ουσιαστικά που λήγουν σε *-e* είναι θηλυκά κατά 90 τοις εκατό, εκείνα που λήγουν σε *-ie* είναι θηλυκά κατά 95 τοις εκατό, σε *-ur* είναι θηλυκά κατά 93 τοις εκατό, σε *-ucht* είναι θηλυκά κατά 64 τοις εκατό, σε *-ich* αρσενικά κατά 81 τοις εκατό, σε *-ett* ουδέτερα κατά 95 τοις εκατό και σε *-ier* ουδέτερα κατά 60 τοις εκατό.[15]

Ας τα δούμε όλα αυτά στην πράξη. Αν θέλετε να βρείτε το γένος της λέξης *Spur* (ίχνη/λωρίδα κυκλοφορίας/διαδρομή), γνωρίζοντας ότι τα ουσιαστικά που λήγουν σε *-ur* είναι θηλυκά σε ποσοστό 93 τοις εκατό, θα είχατε στην ουσία έτοιμη την απάντηση στο πιάτο. Αν παρόλα αυτά θέλατε να σιγουρευτείτε περισσότερο, θα μπορούσατε να δείτε αν μπορεί να σας βοηθήσει ο 1ος Κανόνας (οι κατηγορίες). Ποια ουσιαστικά έχουν παρόμοια σημασία με τα ίχνη, τη λωρίδα κυκλοφορίας ή τη διαδρομή; *die Strasse, die Allee, die Route, die Bahn, die Autobahn, die Piste, die Schiene, die Strecke.* Έτσι, τα πράγματα γίνονται ακόμη πιο ξεκάθαρα. Αυτή η λίστα με τα θηλυκά ουσιαστικά υπερισχύει έναντι δύο αρσενικών συνωνύμων: *der Weg, der Pfad.* Συνεπώς, οι πιθανότητες να μαντέψετε το σωστό γένος θα ήταν με το μέρος σας, αν επιλέγατε το *die Spur*.

Χάρη στα επιτεύγματα της γλωσσολογίας στην εποχή των υπολογιστών,[16] γνωρίζουμε σήμερα πολύ περισσότερα πράγματα για τον τρόπο που οι φθόγγοι συνδέουν τα ουσιαστικά με τα γένη. Έτσι, όσο περισσότερα σύμφωνα περιέχει ένα ουσιαστικό στην αρχή ή στο τέλος του, τόσο πιθανότερο είναι να είναι αρσενικού γένους, ειδικότερα αν αποτελείται από μια μόνο συλλαβή. Η πιθανότητα τα παραδείγματα των παρακάτω μονοσύλλαβων ουσιαστικών, τα οποία αρχίζουν και λήγουν σε σύμφωνο, να είναι αρσενικού γένους, είναι 83 τοις εκατό: *Schlaf, Sand, Zwerg, Knall, Drall, Schlamm*. Παρομοιάστε τα με τα αγόρια στην εφηβεία, τα οποία δίνουν μονοσύλλαβες απαντήσεις, και θα ξέρετε πλέον ότι τα περισσότερα από αυτά τα μικρά ουσιαστικά είναι αρσενικά.

Κι έπειτα, υπάρχουν και οι καταλήξεις που μπορεί να είναι κοινές για δύο γένη, γεγονός που δίνει πενήντα τοις εκατό πιθανότητες σε όσους μαθαίνουν Γερμανικά να μαντέψουν το σωστό άρθρο. Αυτή η πιθανότητα του πενήντα τοις εκατό μπορεί, ωστόσο, συχνά να ενισχυθεί περαιτέρω, αν αξιοποιηθεί η βοήθεια που προσφέρει ο 1ος Κανόνας (οι κατηγορίες). Για παράδειγμα, τα ουσιαστικά που λήγουν σε *-nis* είναι είτε θηλυκά είτε ουδέτερα. Η γνώση ότι τα άψυχα αντικείμενα είναι πιο πιθανόν να είναι ουδέτερου γένους και οι πιο αφηρημένες έννοιες θηλυκού, μπορεί να βοηθήσει τους μαθητές να μαντέψουν το σωστό γένος των ουσιαστικών *Gefängnis* (φυλακή, άψυχο αντικείμενο) και *Bedrängnis* (στεναχώρια, αφηρημένη έννοια). Η υπόθεση ότι η φυλακή είναι μάλλον *das Gefängnis* θα μπορούσε να ενισχυθεί περαιτέρω από τη γνώση ότι τα ουσιαστικά που αρχίζουν από *Ge-* είναι κατά βάση ουδέτερα. Έτσι, βλέπουμε πώς αλληλεπιδρούν οι διάφορες ενδείξεις για να μας βοηθήσουν να μαντέψουμε το σωστό γένος: Το ουσιαστικό αρχίζει από *Ge-* (ισχυρή ένδειξη ότι πρόκειται για ουδέτερο) και τελειώνει σε *-nis* (ένδειξη ότι θα μπορούσε να είναι ουδέτερο, αν επρόκειτο για άψυχο αντικείμενο). Αν εφαρμόζαμε την ίδια αρχή, ότι δηλαδή τα ουσιαστικά με κατάληξη *-nis* είναι πιθανόν θηλυκού γένους, εφόσον αναπαριστούν μια αφηρημένη έννοια, τότε θα μαντεύαμε σωστά, αν επιλέγαμε το θηλυκό γένος για τη στεναχώρια: *die Bedrängnis.*

Ας δούμε ένα άλλο παράδειγμα ουσιαστικών που ανήκουν στην κατηγορία όσων λήγουν σε *-nis*: Θέλετε να μαντέψετε το γένος των λέξεων *Kenntnis* (γνώση) και *Zeugnis* (πιστοποιητικό). Η πρώτη είναι αφηρημένη, η δεύτερη πιο συγκεκριμένη έννοια, συνήθως ένα κομμάτι χαρτί: συνεπώς, τα σωστά γένη είναι προφανώς *die Kenntnis* και *das Zeugnis*. Βέβαια, τα κριτήρια διάκρισης δεν είναι πάντα τόσο προφανή, ωστόσο, όσο περισσότερο συνειδητοποιεί κανείς την «κωδικοποίηση», βάσει της οποίας αποδίδεται το γραμματικό γένος στα ουσιαστικά της γερμανικής γλώσσας, τόσο πιο χρήσιμη θα του φανεί αυτή, κάθε φορά που συναντά ένα νέο ουσιαστικό το οποίο μπορεί να ενταχθεί σε έναν γνωστό ή αναγνωρίσιμο κανόνα. Συνεπώς, η επίγνωση και μόνον αυτής της «κωδικοποίησης» είναι πολύτιμη, καθώς σας αναγκάζει να συνεχίσετε να αναζητάτε αποδεικτικά στοιχεία. Και αν το ουσιαστικό που συναντάτε, δεν εντάσσεται σε έναν υπάρχοντα κανόνα, τότε θα θέλετε να μάθετε τον λόγο και δεν θα φοβάστε να αναζητήσετε τις πιθανές λύσεις, επειδή θα ξέρετε πλέον ότι η απόδοση του γένους δεν είναι τόσο αυθαίρετη όσο διδάχθηκε ο Τουαίην.

Ας δοκιμάσουμε ένα άλλο παράδειγμα. Θέλετε να μαντέψετε το γένος τριών ουσιαστικών για τα οποία γνωρίζετε ότι το καθένα έχει διαφορετικό γένος: *Gier* (απληστία), *Atelier* (εργαστήριο), *Stier* (ταύρος). Στην περίπτωση αυτή, ο 2ος Κανόνας δεν είναι πολύ χρήσιμος, καθώς και τα τρία ουσιαστικά έχουν ακριβώς την ίδια κατάληξη. Προσπαθήστε να δείτε αν ο 1ος Κανόνας μπορεί να βοηθήσει: θηλυκό για το πιο αφηρημένο, ουδέτερο για το άψυχο και αρσενικό για αυτό που είναι από τη φύση του αρσενικού γένους, εφόσον πρόκειται για ζωντανό οργανισμό. Συνεπώς, αν μαντέψετε ότι είναι *die Gier, das Atelier* και *der Stier*, δεν θα έχετε κάνει λάθος.

Καθώς εξοικειώνεστε περισσότερο με τη σχέση που συνδέει τα ουσιαστικά της γερμανικής γλώσσας με τις κατηγορίες, θα ανακαλύψετε κατηγορίες που αλληλεπικαλύπτονται, καθώς και εναλλακτικούς τρόπους, για να ξεκλειδώσετε το γένος τους. Ας θυμηθούμε τα διαγράμματα Venn που αναφέραμε παραπάνω και ας πάρουμε πάλι το ουσιαστικό *Atelier* ως παράδειγμα. Πρόκειται για μια λέξη γαλλικής προέλευσης και προφανώς ουδέτερου γένους, καθώς τα ουσιαστικά που δανείζεται η Γερμανική από άλλες γλώσσες είναι κατά κανόνα ουδέτερα: *das Atelier*. Εναλλακτικά, η λέξη *Atelier* ανήκει στην ίδια κατηγορία πραγμάτων με τα *das Haus*, *das Zimmer*, *das Studio*, *das Gebäude*, *das Geschäft*, γεγονός το οποίο αυξάνει την πιθανότητα να είναι και αυτή ουδέτερου γένους, δηλ. *das Atelier*.[17] Όσο περισσότερο προσεγγίζετε τα γερμανικά ουσιαστικά με γνώμονα τις κατηγορίες, τόσο αυξάνονται οι πιθανότητες να μαντέψετε το σωστό γένος (Σχήμα 2).

Σχήμα 2: Πώς αλληλεπικαλυπτόμενες κατηγορίες μπορούν να βοηθήσουν στον προσδιορισμό του σωστού γένους των ουσιαστικών

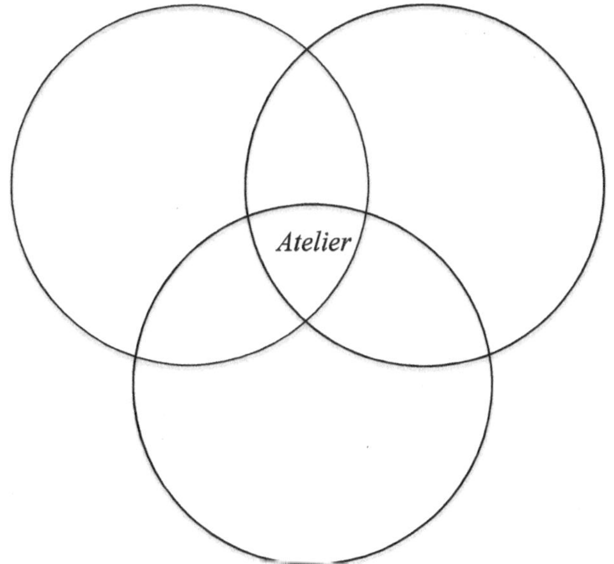

Ο 1ος και ο 2ος Κανόνας συνεργάζονται ορισμένες φορές αρμονικά μεταξύ τους, γεγονός που, όταν συμβαίνει, επιβεβαιώνει διπλά ότι έχετε μαντέψει το σωστό γένος. Ωστόσο, δεν λείπουν και οι συγκρούσεις μεταξύ των κανόνων, τις οποίες θα πρέπει να λαμβάνετε υπόψη σας. Ο 1ος Κανόνας (οι κατηγορίες) υπερισχύει συνήθως έναντι του 2ου Κανόνα (των φθόγγων). Έτσι, η κατηγορία «ποταμοί της Κεντρικής Ευρώπης» είναι κατά κανόνα θηλυκού γένους (*die Donau*), ενώ η κατηγορία «ποταμοί εκτός της Κεντρικής Ευρώπης» αρσενικού (*der Nil*), ανεξάρτητα από τους φθόγγους που περιέχουν οι ονομασίες τους. Όμως, υπάρχουν επίσης και περιπτώσεις στις οποίες ένας συγκεκριμένος φθόγγος (2ος Κανόνας) συνδέεται τόσο στενά με ένα συγκεκριμένο γένος που τελικά υπερισχύει του 1ου Κανόνα. Για παράδειγμα, η κατάληξη *-erei* είναι σχεδόν πάντα θηλυκού γένους, ανεξάρτητα από το γένος που θα έπρεπε να είχε ένα συγκεκριμένο ουσιαστικό με γνώμονα το κριτήριο των κατηγοριών. Η διαπίστωση αυτή αποτελεί μια αρκετά ισχυρή ένδειξη ότι στα συγκεκριμένα ουσιαστικά υπερτερεί προφανώς ο 2ος Κανόνας. Ας μελετήσουμε ένα παράδειγμα όπου ο 2ος Κανόνας (οι φθόγγοι) υπερισχύει του 1ου Κανόνα (των κατηγοριών). Γνωρίζουμε ήδη ότι όσα περισσότερα σύμφωνα περιέχει ένα ουσιαστικό στην αρχή και το τέλος του, τόσο πιθανότερο είναι να είναι αρσενικού γένους. Αυτό ισχύει στην περίπτωση της λέξης *Pfirsich* (ροδάκινο). Ενώ η κατηγορία «καρποί δέντρων» αποτελείται στη συντριπτική πλειοψηφία της από θηλυκά ουσιαστικά, το συγκεκριμένο ουσιαστικό κατακλύζεται από τόσα σύμφωνα που δεν θα μπορούσε να ανήκει στη λέσχη των θηλυκών: είναι *der Pfirsich.* Ο 2ος κανόνας υπερτερεί.

Όταν μια κατάληξη δεν φαίνεται να εντάσσεται σε κάποιον κανόνα, τότε ίσως παίζουν ρόλο κάποιοι άλλοι παράγοντες. Ίσως πρόκειται, για παράδειγμα, για κάποιο συντετμημένο ουσιαστικό, καθώς γνωρίζουμε ότι οι συντμήσεις και τα ακρωνύμια έχουν το γένος της αντίστοιχης αρχικής λέξης από την οποία προέκυψαν. Έτσι, το ουσιαστικό *die Lokomotive*, το οποίο έχει κατάληξη θηλυκού γένους *-e*, μετατρέπεται χάριν συντομίας στο ουσιαστικό *die Lok*, το οποίο, όμως, δεν έχει την κατάληξη θηλυκού *-e* και του οποίου το γένος θα μπορούσε να σας μπερδέψει, αν το συναντούσατε για πρώτη φορά.

Ορισμένες εξαιρέσεις φαίνεται να δικαιολογούνται από λόγους που ανάγονται στο παρελθόν, γεγονός που εξηγεί γιατί το μαχαίρι, το πιρούνι και το κουτάλι – τα πιο βασικά και χρήσιμα εργαλεία στο τραπέζι της κουζίνας – έχουν το καθένα διαφορετικό γένος στα Γερμανικά.

Ας αρχίσουμε με το μαχαίρι: τα μεταλλικά αντικείμενα είναι συνήθως ουδέτερου γένους, όπως, επίσης, και τα όπλα. Το ξίφος (*das Schwert*), αυτή η μακριά κοφτερή μεταλλική λεπίδα, είναι ουδέτερου γένους. Δεν θα ήταν, λοιπόν, πραγματικά αναμενόμενο να είναι ουδέτερου γένους και το *das Messer,* δηλαδή η μικρή κοφτερή μεταλλική λεπίδα; Τελειώσαμε με το πρώτο! Ας δούμε τώρα το δεύτερο: το πιρούνι. Μας βοηθάει να τρώμε όπως τρώει μια κυρία με καλούς τρόπους. Η Μαρία Αντουανέτα δεν έβγαζε τα γάντια της, όταν έτρωγε: χρησιμοποιούσε το πιρούνι. Το ουσιαστικό που δηλώνει το πιρούνι στα Γερμανικά, *Gabel*, είχε κατά περιόδους τόσο τη θηλυκή κατάληξη *-a* όσο και τη θηλυκή κατάληξη *-e*. Φυσικά, η πληροφορία αυτή δεν είναι κάτι που θα έπρεπε να γνωρίζει ο μέσος άνθρωπος σήμερα. Ωστόσο, μας δείχνει ότι το γένος των ουσιαστικών δεν είναι εντελώς αυθαίρετο φαινόμενο. Κάθε ουσιαστικό κρύβει μια ιστορία και ένα συγκείμενο – απλώς εμείς συνήθως δεν γνωρίζουμε αυτή την ιστορία ή το συγκείμενο. Η λέξη *Gabel* συνδέεται, επίσης, με την ίδια κατηγορία ουσιαστικών της Γερμανικής στην οποία ανήκει και το ουσιαστικό *die Forke* (η τσουγκράνα ή η πιρούνα). Αλλά και μια άλλη σχετική κατηγορία μπορεί να βρει εδώ εφαρμογή: τα «αιχμηρά αντικείμενα» είναι συνήθως θηλυκά, όπως για παράδειγμα το ουσιαστικό *die Nadel* (η βελόνα). [18] Έτσι, ύστερα από αυτή την ανάλυση του γενεαλογικού δέντρου, φαίνεται πλέον λογικό το πιρούνι να είναι θηλυκού γένους: *die Gabel.*

Κι έτσι, μας μένει μόνο το κουτάλι. Αν το να χρησιμοποιείς πιρούνι σημαίνει ότι έχεις τρόπους σωστής κυρίας στο τραπέζι, τότε το ρούφηγμα με το κουτάλι σημαίνει μάλλον το αντίθετο. Το κουτάλι προκαλεί πιο τραχείς συνειρμούς. Είναι αρσενικό: *der Löffel.*

Τώρα που μάθατε την ιστορία που κρύβεται πίσω από τα γένη, ίσως συγκρατήσετε πιο εύκολα τον συνειρμό στο μυαλό σας: *das Messer, die Gabel, der Löffel.* Ακόμη και αν θυμάστε μονό μία από τις τρεις αυτές ιστορίες, είναι σίγουρο εκατό τοις εκατό ότι θα ανακαλείτε πάντοτε το σωστό γένος του εργαλείου, την ιστορία του οποίου θυμάστε.

Το βασικό ερώτημα, ωστόσο, παραμένει: *Γιατί;* Ποιον σκοπό εξυπηρετούν τα τρία γένη; Γιατί να μην υπάρχει μόνο ένα; Αν άλλες γλώσσες, όπως η αγγλική, τα καταφέρνουν μόνο με ένα άρθρο, το «the», τότε γιατί οι Γερμανοί χρειάζονται τόσα πολλά;

Μια γενική υπόθεση είναι ότι για να έχει επιβιώσει κάτι τόσους πολλούς αιώνες, σίγουρα έχει την αξία του. Η βασική αιτία ύπαρξης των άρθρων στα Γερμανικά φαίνεται να είναι η *ακρίβεια.* Όποιος έχει προσπαθήσει ποτέ σοβαρά να μεταφράσει από τα Ελληνικά στα Γερμανικά, γνωρίζει ότι τα Γερμανικά, η γλώσσα του Αϊνστάιν, χαρακτηρίζονται συνήθως από μεγαλύτερη ακρίβεια σε σχέση με τα Ελληνικά. Για παράδειγμα, ενώ ο ομιλητής της Ελληνικής μπορεί να παραλείψει το γραμματικό υποκείμενο της πρότασης, λέγοντας π.χ. «αυτός παίζει» ή «*Ø* παίζει», κάτι τέτοιο δεν επιτρέπεται στα Γερμανικά. Συνεπώς, από τον συντάκτη του γερμανικού κειμένου απαιτείται αμέσως να ορίσει αν αυτή η κενή θέση *Ø* αναφέρεται στο «er», «sie», «es», «der», «die», «das» ή κάποιο άλλο υποκείμενο. Επιπλέον, η ανάγκη μεγαλύτερης ακρίβειας στην έκφραση ενισχύεται από τον μακροπερίοδο λόγο που χρησιμοποιείται συχνά, με αποτέλεσμα οι γερμανικές προτάσεις να είναι συνήθως μεγαλύτερες, ενώ ταυτόχρονα το ρήμα τους μπορεί να βρίσκεται στο τέλος μακριά από το υποκείμενο. Για να αποφύγουμε τη σύγχυση σχετικά με το ποιος έκανε τι σε ποιον, με ποιο μέσο και πότε, χρειαζόμαστε ακόμη πιο ακριβή αναγνωριστικά σημάδια, όταν οι προτάσεις είναι μεγαλύτερες και ανάμεσα στο ρήμα και το υποκείμενο παρεμβάλλονται τόσες πολλές λέξεις. Το γεγονός αυτό υποδηλώνει σαφώς ότι οι Γερμανοί δεν πρόκειται να εγκαταλείψουν σύντομα τα γένη.

Πώς μπορείτε να χρησιμοποιήσετε αυτόν τον οδηγό; Μπορείτε να τον διαβάσετε πρώτα ολόκληρο, όπως θα κάνατε με κάθε βιβλίο, και έπειτα να ανατρέξετε στις ενότητες εκείνες που σας φαίνονται περισσότερο χρήσιμες. Καθώς θα εξοικειώνεστε περισσότερο με τον 1ο και τον 2ο Κανόνα, θα μπορείτε να ξεκλειδώνετε το γένος ολόκληρων κατηγοριών με ουσιαστικά και, κατά συνέπεια, θα αποκτήσετε μεγαλύτερη αυτοπεποίθηση στα Γερμανικά. Ο σκοπός των πολλών παραδειγμάτων είναι να σας βοηθήσουν να θυμάστε πιο εύκολα τους κανόνες, καθώς μέσα από τα παραδείγματα αυτά θα έρθετε ενδεχομένως σε επαφή με περισσότερα ουσιαστικά τα οποία θα σας βοηθούν να παγιώσετε μέσα σας τον εκάστοτε κανόνα.

Επιπλέον, το ευρετήριο στο τέλος του βιβλίου λειτουργεί ως βάση αυτοαξιολόγησης. Το κάθε λήμμα μπορεί να χρησιμεύσει ως ερώτηση: «Με ποιο γένος συνδέεται συνήθως το συγκεκριμένο λήμμα;». Μην ξεχνάτε ότι έχετε να κάνετε με πιθανότητες. Όσο καλύτερα συνδυάζετε τις γνώσεις σας για τους Κανόνες 1 και 2, τόσο περισσότερες είναι οι πιθανότητες να μαντέψετε σωστά το γένος του ουσιαστικού.

Ο βασικός σκοπός του βιβλίου είναι να αναδείξει τους συσχετισμούς με τους οποίους συνδέονται τα διάφορα ουσιαστικά με κάποιο συγκεκριμένο γένος. Μπορείτε, συνεπώς, να σημειώνετε κάθε νέο ουσιαστικό που ανακαλύπτετε ότι εμπίπτει σε έναν τέτοιο συσχετισμό. Είναι, επίσης, πιθανόν να ανακαλύψετε νέες κατηγορίες και νέους συσχετισμούς που να αφορούν στο λεξιλόγιο που χρησιμοποιείτε στον τομέα της εξειδίκευσής σας. Οι νέοι αυτοί συνδυασμοί περιμένουν να τους ανακαλύψετε!

Δεδομένου ότι θα έχετε κοπιάσει ενδεχομένως αρκετά για να μάθετε Γερμανικά και να φτάσετε σε αυτό το σημείο, το να ξεκλειδώνετε τα γένη με τη βοήθεια της αντίστροφης μηχανικής είναι μια περιπέτεια που θα σας αρέσει ενδεχομένως πολύ. Μια προειδοποίηση, μόνο: Οι φυσικοί ομιλητές των Γερμανικών δεν θα συμμεριστούν κατά πάσα πιθανότητα τη χαρά που νιώθετε κάθε φορά που ανακαλύπτετε το κλειδί του γένους ενός ουσιαστικού, εκτός και αν είναι καθηγητές γλωσσολογίας της γερμανικής γλώσσας με ειδίκευση στα γραμματικά γένη. Για αυτούς, το ζήτημα του γένους είναι παιχνιδάκι. Και καθώς δεν έχουν διδαχθεί ποτέ στο σχολείο τα εργαλεία της αντίστροφης μηχανικής, προκειμένου να αποδίδουν το γένος στα ουσιαστικά, θα αντιμετωπίσουν με δυσπιστία το γεγονός ότι μαθαίνετε «κανόνες» που οι ίδιοι δεν έχουν ακούσει ποτέ. Και καθώς θα εξειδικεύστε όλο και περισσότερο και θα θέλετε να συζητάτε για τους κανόνες αυτούς, μπορεί στην αρχή να σας ακούν με συγκατάβαση, αλλά σύντομα θα κουραστούν από τις προσπάθειές σας να τους διδάξετε τις αρχές που διέπουν τα γένη της μητρικής τους γλώσσας. Για αυτούς, κάτι τέτοιο είναι εντελώς άσκοπο – μπορούν να το κάνουν ήδη, χωρίς καν να χρειαστεί να σκεφτούν. Δεν ξέρουν το *γιατί*, μόνο το *πώς*. Εσείς τώρα μαθαίνετε το *γιατί*, ώστε να μπορείτε να μάθετε και το *πώς*.

Για να μην απογοητευτείτε, λοιπόν, μοιραστείτε τον ενθουσιασμό σας με τους συμμαθητές σας οι οποίοι αγωνίζονται το ίδιο με εσάς, για να κατακτήσουν τα γένη των Γερμανικών.

Der: Οι κανόνες για το αρσενικό γένος

1ος Κανόνας: Κατηγορίες

Πολλά είδη ζώων: (ειδικότερα αν είναι πιο ευμεγέθη, πιο τρομακτικά, πιο δύσμορφα ή πιο δυνατά ή έχουν τον ρόλου του κακού στα παραμύθια) der Adler, der Alligator, der Bär, der Biber, der Blauwal, der Büffel, der Delphin, der Dinosaurier, der Elefant, der Esel, der Fisch, der Fuchs, der Gorilla, der Hahn, der Hummer, der Hund, der Löwe, der Maulwurf, der Orang-Utan, der Stier, der Tiger, der Vogel, der Wal, der Wolf. Αν τα ζώα είναι μικρότερα σε μέγεθος και πιο ανίσχυρα, τότε το αρσενικό γένος συνάγεται συνήθως από την κατάληξη *-er*: der Hamster, der Käfer

Περίοδοι της ημέρας: der Morgen, der Abend, der Mittag (αλλά όχι *die Nacht*, επειδή τα ουσιαστικά που λήγουν σε *-acht* είναι συνήθως θηλυκά)

Ημέρες της εβδομάδας: der Tag, der Montag, der Dienstag, der Mittwoch, der Donnerstag κλπ.

Μήνες: der Monat, der Januar, der Februar, der März κλπ.

Εποχές: der Frühling, der Sommer, der Herbst, der Winter

Σημεία του ορίζοντα: der Norden, der Süden, der Osten, der Westen, der Nordosten, der Pol, der Nordpol, der Südpol, der Gegenpol, der Kompass

Μετεωρολογικά φαινόμενα/άνεμοι: der Tropfen, der Regen, der Nebel, der Schnee, der Hagel, der Sturm, der Blitz, der Donner, der Wind, der Tornado, der Hurrikan, der Föhn, der

Passat κλπ. (Εξαιρέσεις: *die Böe*, *die Brise*, *die Bise* – επειδή η κατάληξη *-e* είναι χαρακτηριστικό των θηλυκών ουσιαστικών)

Ουράνια σώματα: der Asteroid, der Jupiter, der Himmel, der Komet, der Mars, der Merkur, der Mond, der Neptun, der Planet, der Quasar, der Pluto, der Pulsar, der Satellit, der Saturn, der Stern. Η Αφροδίτη είναι τόσο η αρχαία θεά όσο και το όνομα του πλανήτη, και ως εκ τούτου είναι θηλυκού γένους. Επίσης, τα *die Sonne* και *die Erde* έχουν και τα δύο την ισχυρή κατάληξη *-e*, που είναι παραδοσιακά συνδεδεμένη με τα θηλυκά ουσιαστικά).

Είδη εδαφών, ορυκτών και πετρωμάτων: der Boden, der Stein, der Fels, der Granit, der Diamant, der Marmor, der Quarz, der Sand, der Smaragd. Εξαίρεση: *die Kreide* (η κιμωλία, επειδή έχει την κατάληξη θηλυκών ουσιαστικών *-e*)

Ακαθαρσίες και απορρίμματα: der Abfall, der Dreck, der Dung, der Kehricht, der Plunder (η σαβούρα), der Mist, der Müll, der Schmuddel, der Schrott, der Staub, der Schmutz, der Urin κλπ.

Ονομασίες πολλών ποταμών εκτός Κεντρικής Ευρώπης: der Amazonas, der Mississippi, der Nil (επίσης, κατ'εξαίρεση: *der Rhein, der Main*)

Χερσαίοι υδάτινοι όγκοι: der Bach (το ρυάκι), der Fluss (από το οποίο προκύπτουν, επίσης, αρκετά συναφή αρσενικά ουσιαστικά: der Abfluss, der Ausfluss, der Einfluss), der Kanal, der See (η λίμνη), der Teich (η μικρή λίμνη), der Damm (το φράγμα), der Pool/der Swimmingpool[19]

Ονομασίες ορεινών όγκων: der Berg, der Gipfel, der Hügel, der Mount Everest, der Mont Blanc, der Kilimanjaro, ακόμη και στην περίπτωση της λέξης *der Himalaja/der Himalaya*, η οποία τελειώνει σε *-a*, το οποίο είναι συνήθως κατάληξη θηλυκών ουσιαστικών[20]

Επιμήκη σχήματα:

- der Ast (το κλαδί)
- der Baumstamm (ο κορμός δέντρου)
- der Golfschläger (το μπαστούνι του γκολφ)
- der Draht (το σύρμα)
- der Pfahl (το παλούκι/ο πάσσαλος)
- der Pfeiler (ο πυλώνας/ο στύλος)
- der Pfosten (ο πάσσαλος)
- der Mast (το κατάρτι/ο στύλος)
- der Stab (το ραβδί/η ράβδος)
- der Stecken (η βέργα)
- der Stiel (ο βλαστός/το στέλεχος φυτού)
- der Stift (το μολύβι/το στυλό)
- der Stock (το μπαστούνι)
- der Turm (ο πύργος)
- der Hals/der Nacken (ο λαιμός)
- der Arm (το χέρι/το μανίκι/ο κλάδος/ο βραχίονας)
- der Schenkel (ο μηρός/το μπούτι/η γεωμετρική πλευρά)

Υφάσματα: der Filz (η τσόχα), der Lappen (το πανί/το ξεσκονόπανο), der Stoff (το υλικό/το ύφασμα/το πανί), der Taft (ο ταφτάς, ύφασμα από μετάξι ή παρόμοιο συνθετικό υλικό)

Είδη ψαριών: der Fisch, der Aal (το χέλι), der Lachs (ο σολομός), der Kabeljau (ο μπακαλιάρος), der Haifisch (ο καρχαρίας), der Barsch (η πέρκα), der Thunfisch (ο τόνος). Εξαιρέσεις: όταν τα ουσιαστικά έχουν την κατάληξη θηλυκού γένους *-e*: *die Forelle* (η πέστροφα), *die Seezunge* (η γλώσσα)

Φυτά: Με εξαίρεση τα δέντρα, τα άνθη και τους καρπούς (οι οποίοι είναι συνήθως θηλυκού γένους, ειδικά αν έχουν κατάληξη *-e*), τα φυτά, τα λαχανικά, οι σαλάτες και τα καρυκεύματα είναι συνήθως αρσενικά, εφόσον δεν λήγουν σε *-e*: der Bambus (το μπαμπού), der Brokkoli, der Blumenkohl (το κουνουπίδι), der Fenchel (το μάραθο), der Rosenkohl (τα λαχανάκια Βρυξελλών), der Spinat (το σπανάκι), der Pfeffer (το πιπέρι), der Hanf (η κάνναβη), der Lauch (το πράσο), der Pilz (το μανιτάρι), der Meerrettich (το κρένο), der Ingwer (η πιπερόριζα), der Senf (η μουστάρδα), der Oregano, der Schnittlauch, der Dill, der Thymian, der Estragon, der Rosmarin, der Koriander, der Salat, der Reis, der Mais

Χυμοί: der Saft, der Apfelsaft, der Orangensaft, der Zitronensaft

Καφές, τσάι και γλυκό: der Tee (→ der Rooibos), der Kaffee (→ der Espresso, der Cappuccino), der Kuchen

Ονομασίες αλκοολούχων ποτών: der Alkohol, der Champagner, der Cognac, der Likör, der Ouzo, der Prosecco, der Rum, der Schnaps, der Sekt, der Wein, der Whiskey, der Wodka (εξαίρεση: das Bier[21])

Οι υποκατηγορίες λαμβάνουν το ίδιο γένος με τα ουσιαστικά της κύριας κατηγορίας:

- der Wein → der Merlot, der Spätburgunder
- der Cocktail → der Mojito, der Cosmopolitan
- das Bier → das Pils (είδος μπίρας)

Εξοπλισμός/μέσα/εργαλεία: (ιδίως όταν τα ουσιαστικά αυτά λήγουν σε *-er* ή *-or*)

- der Atomreaktor
- der Computer
- der Cursor
- der Detektor
- der Fernseher
- der Generator
- der Katalysator
- der Kondensator
- der Kugelschreiber

- der Monitor
- der Motor
- der Projektor
- der Prozessor
- der Radiator
- der Sensor
- der Simulator
- der Stabilisator
- der Taschenrechner
- der Toaster
- der Traktor
- der Ventilator

Ορισμένα ουσιαστικά – μη εργαλεία που λήγουν σε *-or*:

- der Chor (η χορωδία)
- der Faktor
- der Horror
- der Humor
- der Indikator
- der Korridor
- der Sektor
- der Terror
- der Tresor
- der Tumor
- der Vektor

Μάρκες αυτοκινήτων: der Audi, der BMW, der Mercedes, der Volkswagen κλπ. είναι κατά κανόνα αρσενικού γένους. Ο κανόνας αυτός δεν περιλαμβάνει τύπους αυτοκινήτων. Έτσι, έχουμε τα *das Cabriolet* (αυτοκίνητο με αναδιπλούμενη οροφή) και *das Coupé* (αυτοκίνητο με κλειστή οροφή και δύο πόρτες), επειδή τα ουσιαστικά αυτά είναι γαλλικής προέλευσης και τα γλωσσικά δάνεια είναι συνήθως ουδέτερου γένους στα Γερμανικά). Είναι, όμως, *die Limousine*, επειδή έχει την κατάληξη θηλυκού *-e*.

Αμαξοστοιχίες: der Zug, der ICE, der TGV

Αρκετές ονομασίες συναλλάγματος: der US-Dollar, der Euro, der Schweizer Franken, der südafrikanische Rand, der Renminbi, der chinesische Yuan, der japanische Yen, der Rubel, der Peso, der Cent, der Pfennig, der Rappen

Εξαιρέσεις: das britische Pfund (επειδή η λέξη, εκτός από το βρετανικό νόμισμα, σημαίνει λίβρα και είναι μονάδα μέτρησης ουδέτερου γένους), die Lira, die Krone (επειδή λήγουν σε *-a* ή *-e*), die Mark, die Deutschmark, die D-Mark (επειδή οι λέξεις αυτές έληγαν είτε σε *-a* είτε σε *-e* την εποχή του Μεσαίωνα)

Είδη μουσικής: der Blues, der Jazz, der Pop, der Rock, der Rap, der Reggae, der Schlager (ο κανόνας δεν ισχύει, όμως, προφανώς για πιο καθιερωμένα είδη: *die Klassik, die Oper*)

Είδη χορού: der Foxtrott, der Tango, der Bolero, der Flamenco, der Cha-Cha-Cha, der Mambo, der Rumba, der Samba,[22] der Walzer. Εξαιρέσεις: *die Polka, das Menuett*

Ουσιαστικά που υποδηλώνουν πρόσωπα που είναι από τη φύση τους αρσενικού γένους είναι συνήθως αρσενικά: Η συγκεκριμένη κατηγορία θα έπρεπε, βέβαια, να είναι η πιο εύληπτη, ωστόσο, αυτό δεν ισχύει πάντα στην περίπτωση των Γερμανικών. Ενώ το «γραμματικό γένος» του ουσιαστικού αντιστοιχεί στο «φυσικό γένος» του προσώπου στις περιπτώσεις των *der Mann, der Vater, der Sohn, der Bub, der Bruder, der Onkel* κλπ., το γένος μετατρέπεται σε ουδέτερο, όταν σχηματίζουμε τα υποκοριστικά, όπως για παράδειγμα το *das Bübchen*, το αγοράκι, ή το *das Männchen* (το ανθρωπάκι, το οποίο χρησιμοποιείται μάλλον περισσότερο για να δηλώσει συμπόνοια ή ως καρικατούρα). Υπάρχουν, επίσης, αρκετά παραδείγματα όπου, παρόλο που αναφερόμαστε σε κάποιο πρόσωπο αρσενικού γένους, το γένος του ουσιαστικού δεν είναι απαραίτητα αρσενικό, όπως στις περιπτώσεις των *die Person* (το άτομο, το πρόσωπο) ή *die Geisel* (ο όμηρος).

2ος Κανόνας: Φθόγγοι

Τα αρσενικά ουσιαστικά αρχίζουν και λήγουν συνήθως σε σύμφωνο. Μάλιστα, όσα περισσότερα σύμφωνα περιέχονται στην αρχή και το τέλος του ουσιαστικού, τόσο περισσότερες είναι οι πιθανότητες να είναι αρσενικού γένους.

Ουσιαστικά με τα παρακάτω προθήματα και επιθήματα είναι κατά κανόνα αρσενικού γένους:

-aal: der Aal (ψάρι: το χέλι), der Saal – η αίθουσα, και τα πολλά παράγωγά της: π.χ. der Gerichtssaal (η αίθουσα δικαστηρίου), der Speisesaal (η τραπεζαρία), der Wartesaal (η αίθουσα αναμονής)

-ag:

- der Airbag
- der Alltag
- der Anschlag
- der Antrag
- der Auftrag
- der Beitrag
- der Belag
- der Durchschlag
- der Ertrag
- der Gag (από την αγγλική λέξη *gag*, το αστείο)[23]
- der Hag
- der Jetlag
- der Lag (από την αγγλική λέξη *lag*, η καθυστέρηση)
- der Montag
- der Tag
- der Schlag
- der Verlag
- der Vertrag

- der Vorschlag

-all:

- der Abfall
- der Aufprall
- der Ball
- der Drall (η περιστροφή)
- der Fall
- der Hall (η ηχώ)
- der Knall
- der Krawall
- der Kristall
- der Schall
- der Vorfall
- der Zufall

Εξαιρέσεις (ουδέτερου γένους):

- das All (ίδια κατηγορία με το *das Universum*)
- das Intervall (προέρχεται από τη λατινική λέξη *intervallum* – τα γλωσσικά δάνεια είναι συνήθως ουδέτερου γένους στα Γερμανικά).
- das Metall (τα μεταλλικά αντικείμενα είναι συνήθως ουδέτερα)

Εξαιρέσεις (θηλυκού γένους): *die Nachtigall* (μικρότερα πτηνά, όπως το αηδόνι, είναι συνήθως θηλυκού γένους)

-am: der Gram (η θλίψη), der Kram (τα πράγματα/η σαβούρα), der Imam, der Islam, der Sesam, der Poetry-Slam, der Grand Slam

-an: Τα ουσιαστικά που λήγουν σε *-an* είναι συνήθως αρσενικού γένους. Η κατάληξη *-an* είναι τόσο ισχυρή που υπερισχύει ακόμα και της καθιερωμένης αρχής που θέλει τις εισαγόμενες λέξεις να είναι συνήθως ουδέτερου γένους:

- der Altan (είδος μπαλκονιού)
- der Baldrian (το φυτό ή η ουσία βαλεριάνα)
- der Balkan (τα Βαλκάνια)
- der Blödian (ο βλάκας)
- der Caravan (το καραβάνι)
- der Dekan (ο κοσμήτορας)
- der Diözesan (το μέλος της επισκοπής)
- der Diwan (το ντιβάνι)
- der Dressman (το ανδρικό μοντέλο)
- der Elan (ο ενθουσιασμός/η ζωντάνια)
- der Enzian (το φυτό γεντιανή)
- der Fan (ο θαυμαστής/ο υποστηρικτής/ο φαν)
- der Fasan (ο φασιανός)
- der Gentleman
- der Grobian (ο άξεστος/ο χοντράνθρωπος)
- der Grünspan (η γάνα)
- der Hooligan
- der Hurrikan (ο τυφώνας)
- der Iran, der Sudan, der Südsudan (μερικές από τις λίγες χώρες αρσενικού γένους – οι περισσότερες είναι ουδέτερου γένους)
- der Kaftan (το καφτάνι)
- der Katamaran (το καταμαράν)
- der Orang-Utan (ο ουρακοτάγκος)
- der Klan (η πατριά/η φυλή)
- der Koran
- der Kran (ο γερανός)
- der Kumpan (το φιλαράκι)
- der Lebertran (το μουρουνέλαιο)
- der Leguan (η ιγκουάνα)
- der Majoran (η μαντζουράνα: τα μπαχαρικά είναι συνήθως αρσενικού γένους)
- der Median (η διάμεσος)
- der Meridian (ο μεσημβρινός)
- der Merlan (ψάρι: ο μερλάγκος)
- der Orkan (ο τυφώνας)

- der Ortolan (πτηνό: ο βλάχος)
- der Ozean (ο ωκεανός)
- der Parmesan (το τυρί παρμεζάνα)
- der Pavian (ο μπαμπουίνος)
- der Pelikan (ο πελεκάνος)
- der Plan (το σχέδιο)
- der Ramadan (το ραμαζάνι)
- der Roman (το μυθιστόρημα)
- der Safran (το σαφράν/ο κρόκος: τα μπαχαρικά είναι συνήθως αρσενικού γένους)
- der Schlendrian (ο τσαπατσούλης)
- der Schwan (ο κύκνος)
- der Slogan (το σύνθημα)
- der Sopran (η υψίφωνος ή σοπράνο)
- der Span (η ακίδα/το ροκανίδι)
- der Steppenwaran (είδος σαύρας)
- der Stuntman
- der Sultan
- der Talisman (το φυλακτό)
- der Tarzan
- der Thymian (το θυμάρι: τα μπαχαρικά είναι συνήθως αρσενικού γένους)
- der Titan (η αρχαιοελληνική θεότητα/ισχυρό πρόσωπο)
- der Tran (το ιχθυέλαιο)
- der Tukan (πτηνό: το τουκάν)
- der Turban (το τουρμπάνι)
- der Ulan (έφιππος πολεμιστής που κρατάει δόρυ)
- der Untertan (ο υποτελής)
- der Van (το βαν/τύπος αυτοκινήτου)
- der Vatikan (το Βατικανό)
- der Veteran (ο βετεράνος)
- der Vulkan (το ηφαίστειο/ο θεός της φωτιάς για τους Ρωμαίους)
- der Yuan (το κινέζικο νόμισμα)

Ορισμένα ονόματα αρσενικού γένους λήγουν σε *-an*:

(der) Adrian, (der) Christian, (der) Fabian, (der) Florian, (der) Ivan, (der) Jean, (der) Jonathan, (der) Julian, (der) Kian, (der) Kilian, (der) Marian, (der) Maximilian, (der) Sebastian, (der) Stefan/Stephan, (der) Tilman, (der) Tristan

Εξαιρέσεις: Οι ονομασίες κρατών είναι συνήθως ουδέτερου γένους, κυρίως στις περιπτώσεις των ονομάτων που λήγουν σε *-an*:[24] (das) Afghanistan, (das) Aserbaidschan, (das) Bhutan, (das) Japan, (das) Kasachstan, (das) Kirgistan, (das) Kurdistan, (das) Pakistan, (das) Tadschikistan, (das) Taiwan, (das) Turkmenistan, (das) Usbekistan

Άλλες εξαιρέσεις ουδέτερου γένους που λήγουν σε *-an*: Τα στοιχεία του Περιοδικού Πίνακα, τα μέταλλα, τα αέρια, οι χημικές ουσίες και τα παράγωγά τους είναι συνήθως ουδέτερου γένους:

- das Butan (το βουτάνιο)
- das Filigran (το φιλιγκράν: διακοσμητική κατασκευή από χρυσό ή ασήμι)
- das Heptan (το επτάνιο)
- das Hexan (το εξάνιο)
- das Mangan (το μαγγάνιο)
- das Marzipan (η αμυγδαλόπαστα)
- das Methan (το μεθάνιο)
- das Nonan (το εννεάνιο)
- das Oktan (το οκτάνιο)
- das Pentan (το πεντάνιο)
- das Porzellan (η πορσελάνη/το σερβίτσιο/τα είδη από πορσελάνη)
- das Propan (το προπάνιο)
- das Titan (το τιτάνιο)
- das Tryptophan (η τρυπτοφάνη)
- das Uran (το ουράνιο)
- das Zellophan (το σελοφάν)

Τρεις επιπλέον συχνές εξαιρέσεις ουδέτερου γένους: *das LAN* (συντομογραφία του Local Area Network), *das WLAN* (συντομογραφία του Wireless Local Area Network), *das Organ* (το όργανο του σώματος ή το θεσμικό όργανο)

Πολύ σπάνια εξαίρεση θηλυκού γένους που λήγει σε *-an*: *die Membran* (η μεμβράνη, εντάσσεται στην ίδια κατηγορία με το *die Haut*)

-ang:

- der Anfang
- der Drang
- der Einklang
- der Empfang
- der Fang
- der Gang
- der Gesang[25]
- der Hang
- der Klang
- der Mustang
- der Rang
- der Slang
- der Strang (το νήμα/το κορδόνι/το σχοινί)
- der Tang (το φύκι)
- der Vorhang

-ant:

Πρόσωπα ή ζώα αρσενικού γένους:

- der Demonstrant
- der Elefant
- der Lieferant

Εξαιρέσεις: άψυχα αντικείμενα ή ουσιαστικά γαλλικής προέλευσης – τα γλωσσικά δάνεια είναι συνήθως ουδέτερου γένους: *das Croissant, das Deodorant, das Restaurant*

-ast:

- der Ballast (το έρμα)
- der Bast (το σχοινί από ίνες φυτών)
- der Chloroplast (ο χλωροπλάστης)
- der Damast (το δαμάσκο)
- der Enthusiast (ο λάτρης)
- der Fahnenmast (το κοντάρι της σημαίας)
- der Fantast/Phantast (ο φαντασιόπληκτος)
- der Gast (ο καλεσμένος)
- der Gymnasiast (ο μαθητής σχολείου δευτεροβάθμιας εκπαίδευσης)
- der Knast (η φυλακή)
- der Kontrast (η αντίθεση)
- der Mast (το κατάρτι, ο ιστός)
- der Morast (ο βούρκος)
- der Palast (το παλάτι)
- der Seidelbast (το φυτό της δάφνης)
- der Toast[26] (το τοστ)
- der Zytoblast (η κυτταροβλάστη)

Εξαιρέσεις θηλυκού γένους σε *-ast* (η κατηγορία που περιέχει πιο αφηρημένα ουσιαστικά είναι συνήθως θηλυκού γένους):

- die Altlast (προβλήματα που κληρονομήθηκαν από το παρελθόν)
- die Beweislast (το βάρος απόδειξης)
- die Hast (η βιασύνη)
- die Last (το βάρος)
- die Mast (η πάχυνση/η σίτευση)
- die Rast (η ανάπαυλα/το διάλειμμα)
- die Unrast (η ταραχή/η ανησυχία)

-auch:

- der Bauch
- der Brauch
- der Gebrauch (το έθιμο/η πρακτική/η σύμβαση/η χρήση)
- der Knoblauch (το σκόρδο)
- der Lauch (το πράσο)
- der Missbrauch
- der Rauch
- der Schlauch (το λάστιχο)
- der Strauch (ο θάμνος)
- der Verbrauch

-aum:

- der Baum
- der Flaum (τα πούπουλα/το χνούδι)
- der Raum (το διάστημα/η περιοχή/το δωμάτιο/ο χώρος)
- der Saum (το στρίφωμα/η ραφή/η άκρη)
- der Schaum (ο αφρός)
- der Traum

-bold:

- der Kobold (ο καλικάντζαρος)
- der Lügenbold (ο παθολογικός ψεύτης)
- der Trunkenbold (ο μεθύστακας)
- der Witzbold (ο πλακατζής)

-eg:

- der Abstieg
- der Ausstieg
- der Ausweg
- der Beleg
- der Krieg

- der Weg

Δύο εξαιρέσεις λατινικής προέλευσης – τα γλωσσικά δάνεια είναι συνήθως ουδέτερου γένους: das Privileg, das Sakrileg

-eis:

- der Ausweis
- der Kreis (ίδια κατηγορία με τα *der Ring, der Zirkel*)
- der Preis

-en: Περίπου το ογδόντα τοις εκατό[27] των ουσιαστικών που λήγουν σε *-en* είναι αρσενικού γένους, ενώ τα υπόλοιπα είναι ουδέτερου. Η κατάληξη *-en* δεν συνηθίζεται στα ουσιαστικά θηλυκού γένους:

- der Balken (η στήλη/η μπάρα ένδειξης/η δοκός)
- der Ballen (η δεσμίδα)
- der Barren (το δίζυγο/η ράβδος)
- der Batzen (ο σβώλος/η μεγάλη μπουκιά)
- der Besen
- der Boden
- der Bogen
- der Braten
- der Brocken
- der Brunnen
- der Busen
- der Daumen
- der Degen
- der Drachen
- der Faden
- der Felsen
- der Fetzen (το κουρέλι)
- der Fladen
- der Frieden
- der Funken
- der Galgen

- der Garten
- der Gaumen (ο ουρανίσκος)
- der Glauben
- der Graben
- der Hafen
- der Haken
- der Haufen
- der Hoden
- der Hopfen
- der Husten
- der Karpfen (ψάρι: ο κυπρίνος – τα ψάρια είναι συνήθως αρσενικού γένους)
- der Karren
- der Kasten
- der Klumpen
- der Knochen
- der Knoten
- der Kolben (το έμβολο/το πιστόνι)
- der Korken (ο φελλός ή το πώμα)
- der Kragen
- der Krapfen
- der Kuchen
- der Laden
- der Lappen
- der Loden
- der Magen
- der Nacken
- der Ofen
- der Orden
- der Packen (ο σωρός/η στοίβα)
- der Pfropfen
- der Rachen
- der Rahmen
- der Rasen
- der Rechen (η τσουγκράνα)
- der Regen
- der Reifen

- der Rochen (ψάρι: το σαλάχι)
- der Roggen (η σίκαλη)
- der Rücken
- der Samen
- der Schaden
- der Schinken
- der Schnupfen
- der Schuppen
- der Segen
- der Socken
- der Spaten
- der Stecken
- der Streifen
- der Tropfen
- der Wagen
- der Weizen
- der Zacken
- der Zapfen

Περίπου το είκοσι τοις εκατό των ουσιαστικών που λήγουν σε *-en* είναι ουδέτερου γένους:[28]

- Τα ουσιαστικά σε *-en* τα οποία προέρχονται από ρήματα είναι ουδέτερου γένους:[29] das Essen, das Leben, das Wissen, das Schreiben, das Treffen, das Beben

- Τα υποκοριστικά σε *-en* είναι ουδέτερου γένους: das Küken, das Fohlen (το νεαρό άλογο/το πουλάρι)

- Οι γραμματικοί όροι/τα μέρη του λόγου αποτελούν συνήθως κατηγορία ουδέτερου γένους, επομένως και στην περίπτωση που το ουσιαστικό λήγει σε *-en*: das Nomen

- Οι κατηγορίες ανώτερων επιπέδων ταξινόμησης είναι συνήθως ουδέτερου γένους (βλ. το κεφάλαιο για τα ουσιαστικά ουδέτερου γένους για περισσότερες λεπτομέρειες). Ο κανόνας αυτός ισχύει και για τα ουσιαστικά αυτής της κατηγορίας που λήγουν σε *-en*: das Wesen, das Volumen, das Vermögen

- Αρκετά ουσιαστικά που σχετίζονται με το υπνοδωμάτιο (*das Schlafzimmer*) και το μπάνιο (*das Badezimmer*) είναι συνήθως ουδέτερου γένους. Επομένως, ο κανόνας αυτός ισχύει και για τα συναφή ουσιαστικά που λήγουν σε *-en:* das Laken (το σεντόνι), das Kissen (το μαξιλάρι), das Leinen (τα σκεπάσματα), das Leintuch (η πετσέτα), das Bett (το κρεβάτι), das Becken (ο νιπτήρας/ο νεροχύτης/η πισίνα), das Waschbecken (ο νιπτήρας), das Bad (το μπάνιο)

- Άλλα ουσιαστικά ουδέτερου γένους που λήγουν σε *-en:* das Examen (δάνειο από τη γαλλική γλώσσα – τα γλωσσικά δάνεια είναι συνήθως ουδέτερου γένους), das Eisen (ο σίδηρος – τα μέταλλα είναι συνήθως ουδέτερου γένους), das Wappen (το οικόσημο/το έμβλημα, το οποίο ανήκει στην ίδια κατηγορία ουδέτερου γένους με το *das Banner, das Hoheitszeichen*)

-ent: (όχι, όμως, κατά κανόνα, *-ment*[30])

- der Abiturient (ο τελειόφοιτος ή ο απόφοιτος λυκείου ή αυτός που πρόκειται να πάει στην τελευταία τάξη του)
- der Abonnent (ο συνδρομητής)
- der Absolvent (ο απόφοιτος/ο πτυχιούχος)
- der Advent
- der Agent
- der Akzent
- der Assistent
- der Barchent
- der Cent
- der Dirigent
- der Dissident
- der Dozent

- der Exponent
- der Gradient
- der Koeffizient
- der Konsument
- der Kontinent
- der Kontrahent
- der Konvent
- der Korrespondent
- der Moment
- der Okzident
- der Opponent
- der Orient
- der Patient
- der Präsident
- der Produzent
- der Quotient
- der Referent
- der Regent
- der Resident
- der Rezensent
- der Student
- der Zedent

Εξαιρέσεις (ουδέτερου γένους):

- das Kontingent (γαλλικής/λατινικής προέλευσης)
- das Patent (λατινικής προέλευσης – τα γλωσσικά δάνεια είναι συνήθως ουδέτερου γένους)
- das Prozent (ίδια κατηγορία με τα κλάσματα, τα οποία είναι κατά κανόνα ουδέτερου γένους: das Viertel κλπ.)
- das Talent (αρχικά μονάδα μέτρησης της μάζας, όπως το *das Pfund,* γεγονός που το καθιστά ουδέτερου γένους, όμως σήμερα αναφέρεται στη φυσική κλίση ή την ικανότητα σε κάτι)
- das Transparent (το πανό, ως εκ τούτου *das Banner*)

-er: Περίπου το εβδομήντα τοις εκατό των ουσιαστικών που λήγουν σε *-er* (αλλά όχι σε *-ier*)[31] είναι αρσενικού γένους.[32]

- der Acker (το χωράφι/ο αγρός)
- der Anker (η άγκυρα)
- der Ärger
- der Bagger
- der Becher
- der Bedenkenträger (ο σκεπτικιστής/το πνεύμα αντιλογίας)
- der Biber
- der Bohrer
- der Bunker
- der Donner
- der Dünger
- der Eifer
- der Eimer
- der Eiter
- der Fächer (η βεντάλια)
- der Falter (η πεταλούδα/το λεπιδόπτερο)
- der Fehler
- der Filter
- der Finger
- der Fühler
- der Hafer
- der Hammer
- der Hamster
- der Höcker (ο ύβος, η καμπούρα της καμήλας)
- der Hocker (το σκαμπό, το σκαμνί/κάποιος που του αρέσει το καθισιό)
- der Hummer
- der Hunger
- der Ingwer
- der Jammer
- der Kader (στην Ελβετία: *das* Kader)
- der Käfer
- der Kater

- der Keller
- der Kerker (το μπουντρούμι)
- der Kleber
- der Köder (το δόλωμα)
- der Koffer
- der Körper
- der Krater
- der Kühler
- der Kummer
- der Laser
- der Lüster (ο πολυέλαιος)
- der Ordner
- der Panzer
- der Sender
- der Sommer
- der Teller
- der Tiger
- der Walzer
- der Wecker
- der Winter
- der Zauber
- der Zeiger
- der Zucker

Τα ουσιαστικά τα οποία προέρχονται από ρήματα και έχουν το επίθημα *-er* είναι συνήθως αρσενικού γένους: arbeiten → *der Arbeiter*, fahren → *der Fahrer*, lehren → *der Lehrer*, spielen → *der Spieler*

Τα ουσιαστικά, τα ρήματα ή τα επίθετα στα οποία προστίθενται οι καταλήξεις *-er, -ler, -ner, -iker* είναι συνήθως αρσενικού γένους: Eisenbahn → *der Eisenbahner*, Hamburg → *der Hamburger*, Sport → *der Sportler*, Rente → *der Rentner*, Alkohol → *der Alkoholiker*, fernsehen → *der Fernseher*, fehlen → *der Fehler*

Τα παράγωγα των αριθμών τα οποία λήγουν σε *-er* είναι συνήθως αρσενικού γένους: 50 → *der Fünfziger*

Εξαιρέσεις: Περίπου το δεκαπέντε τοις εκατό των ουσιαστικών που λήγουν σε *-er* είναι θηλυκού γένους.[33]

Μια κατηγορία ουσιαστικών τα οποία λήγουν σε *-er* και είναι θηλυκού γένους είναι μέλη του σώματος:

- die Ader (η φλέβα)
- die Herzkammer (η κοιλία της καρδιάς)
- die Leber (το συκώτι)
- die Schulter (ο ώμος)
- die Wimper (η βλεφαρίδα)

Άλλα ουσιαστικού θηλυκού γένους που λήγουν σε *-er*:

- die Butter (είχε παλιότερα την κατάληξη θηλυκού γένους *-a*. Συνδυάστε το επίσης με: die Kuh → die Milch → die Butter)[34]
- die Dauer (η διάρκεια – ίδια κατηγορία με το *die Zeit*)
- die Elster (η καρακάξα – τα μικρότερα πτηνά είναι συνήθως θηλυκού γένους)
- die Faser (η ίνα: συνώνυμο του *die Litze*, το πολύκλωνο καλώδιο)
- die Feder (το φτερό ή το ελατήριο)
- die Feier (η γιορτή/η τελετή/ο εορτασμός)
- die Folter (το βασανιστήριο: ίδια κατηγορία θηλυκού γένους με τα *die Quälerei, die Tortur*)
- die Leiter (η σκάλα – συνώνυμο με το *die Verbindung*, προέρχεται από το *die Leitung*)
- die Oper (είχε την κατάληξη θηλυκού γένους *-a* στα τέλη του 18^{ου} αιώνα)
- die Marter (το μαρτύριο: το βασανιστήριο/το βάσανο)
- die Mauer (συνώνυμο του *die Wand* – οι επίπεδες επιφάνειες είναι συνήθως θηλυκού γένους)
- die Metapher (συνώνυμο του *die Übertragung*)

- die Steuer (ο φόρος – οι αριθμοί είναι θηλυκού γένους)
- die Trauer (το πένθος – τα δάκρυα είναι θηλυκού γένους: *die Träne*)
- die Ziffer (οι αριθμοί είναι θηλυκού γένους)

Εξαιρέσεις ουδέτερου γένους: περίπου δεκαπέντε τοις εκατό[35] των ουσιαστικών που λήγουν σε *-er* είναι ουδέτερου γένους

- das Alter (η ανώτερη κατηγορία για την ηλικία, η οποία μετριέται συνήθως σε έτη, *das Jahr*)
- das Banner (το πανό, γλωσσικό δάνειο από τα Γαλλικά – τα γλωσσικά δάνεια είναι συνήθως ουδέτερου γένους. Επίσης, ανήκει στην ίδια κατηγορία ουδέτερου γένους με τα *das Hoheitszeichen, das Wappen*)
- das Feuer (η φωτιά – αρκετά από τα βασικά στοιχεία της φύσης είναι συνήθως ουδέτερου γένους)
- das Fieber (γλωσσικό δάνειο από τα Λατινικά – τα γλωσσικά δάνεια είναι συνήθως ουδέτερου γένους)
- das Futter (ανώτερη κατηγορία – η τροφή για ζώα)
- das Gatter (ο ξύλινος φράκτης – ίδια κατηγορία με τα *das Tor, das Portal, das Hindernis*)
- das Gitter (τα κάγκελα, το πλέγμα – τα μεταλλικά αντικείμενα είναι συνήθως ουδέτερου γένους)
- das Kloster (από τα Λατινικά, το μοναστήρι – ίδια κατηγορία ουδέτερου γένους με το *das Wohnhaus*)
- das Kupfer (τα μέταλλα είναι συνήθως ουδέτερου γένους)
- das Lager (αποθήκη/κατασκήνωση – ίδια κατηγορία με τα *das Vorratshaus, das Camp, das Depot*)
- das Leder (το δέρμα: τα παράγωγα των ζώων ανήκουν στην ίδια κατηγορία με το τρίχωμα, *das Fell*)
- das Messer (τα μεταλλικά αντικείμενα και τα ξίφη/σπαθιά είναι ουδέτερου γένους)
- das Muster (ίδια κατηγορία με το *das Beispiel*)
- das Opfer (μπορεί να αναφέρεται είτε σε κάποιο άψυχο αντικείμενο, όπως ένα πρόσφορο ή μια θυσία, είτε σε άνθρωπο: το θύμα, αρσενικού ή θηλυκού γένους).

- das Pflaster (ο πλακόστρωτος δρόμος/το τσιρότο)
- das Poster (τα γλωσσικά δάνεια είναι συνήθως ουδέτερου γένους)
- das Pulver (η σκόνη)
- das Ruder (το κουπί/το πηδάλιο – ίδια κατηγορία με τα *das Steuer, das Paddel*)
- das Silber (τα μέταλλα είναι συνήθως ουδέτερου γένους)
- das Ufer (ίδια κατηγορία με το *das Land*)
- das Wasser (το νερό – τα στοιχεία της φύσης είναι συνήθως ουδέτερου γένους)
- das Wetter (ίδια κατηγορία ουδέτερου γένους με το *das Klima*)
- das Wunder (ίδια κατηγορία ουδέτερου γένους με τα *das Geschehen, das Ereignis, das Staunen*)
- das Zimmer (το δωμάτιο – προέρχεται από το ρήμα *zimmern*, το οποίο σημαίνει φτιάχνω κάτι από ξύλο (εξού και *Zimmermann* = ο ξυλουργός. Ανήκει στην ίδια κατηγορία ουδέτερου γένους με τα *das Gemach* (το δώμα/το δωμάτιο), *das Haus, das Gebäude*)

-el: Όπως η κατάληξη *-er* (βλ. παραπάνω), έτσι και η κατάληξη *-el* συνδέεται συνήθως με ουσιαστικά αρσενικού γένους. Περίπου το εξήντα τοις εκατό[36] των ουσιαστικών που λήγουν σε *-el* είναι αρσενικού γένους.

Ουσιαστικά αρσενικού γένους που λήγουν σε *-el*:

- der Apfel (το οποίο αποτελεί εξαίρεση από τον κανόνα ότι η κατηγορία με τα φρούτα είναι κατά βάση θηλυκού γένους)
- der Ärmel (το μανίκι)
- der Artikel
- der Beutel
- der Büffel
- der Bügel

- der Dackel (η ράτσα σκύλων Ντατσχούντ – ίδια κατηγορία με το *der Hund*)
- der Deckel (το καπάκι)
- der Egel (η βδέλλα)
- der Engel
- der Esel
- der Flügel
- der Gipfel
- der Gürtel
- der Hagel
- der Handel
- der Hebel
- der Henkel
- der Himmel
- der Hügel
- der Igel (ο σκαντζόχοιρος)
- der Jubel
- der Kegel (η κορύνα/ο γεωμετρικός κώνος)
- der Kessel (το καζάνι/το τσαγερό)
- der Kittel (η επαγγελματική ρόμπα/η ποδιά)
- der Knöchel (ο αστράγαλος ή η άρθρωση των δακτύλων)
- der Knödel
- der Knorpel (ο χόνδρος)
- der Kübel
- der Löffel (το κουτάλι – σημαντικό οικιακό εργαλείο που ανήκει στον συνηθισμένο κανόνα των ουσιαστικών με κατάληξη *-el*)
- der Mangel
- der Mantel
- der Meissel (το καλέμι)
- der Mörtel (το κονίαμα: μείγμα τσιμέντου με άμμο)
- der Muskel
- der Nabel
- der Nagel
- der Nebel
- der Pegel

- der Pickel
- der Pöbel (ο όχλος/το πλήθος/η πλέμπα)
- der Pudel
- der Rüssel (το ρύγχος και η προβοσκίδα του ελέφαντα)
- der Säbel (η σπάθη)
- der Schenkel
- der Schlüssel
- der Schnabel
- der Sessel
- der Sockel
- der Stapel
- der Tempel
- der Titel
- der Trubel (ο συνωστισμός/η κοσμοσυρροή)
- der Tümpel (η λιμνούλα)
- der Tunnel
- der Vogel
- der Winkel
- der Wipfel (η κορυφή δέντρου)
- der Würfel
- der Zettel
- der Ziegel (το τούβλο/το κεραμίδι)
- der Zirkel
- der Zweifel (η αμφιβολία)

Εξαιρέσεις: Περίπου το εικοσιπέντε τοις εκατό[37] των ουσιαστικών που λήγουν σε *-el* είναι θηλυκού γένους.

- τα πτηνά (τα οποία είναι συνήθως θηλυκού γένους, εκτός και αν έχουν πολύ μεγάλο μέγεθος): die Amsel (ο κότσυφας), die Drossel (η τσίχλα), die Wachtel (το ορτύκι)

- οι καρποί των φυτών είναι συνήθως θηλυκού γένους. Ο κανόνας αυτό ισχύει, επομένως, και για μερικά ουσιαστικά που λήγουν σε *-el*: die Dattel (ο χουρμάς), die

Distel (το γαϊδουράγκαθο), die Eichel (το βελανίδι), die Wurzel (η ρίζα)

- όπως στην περίπτωση των ουσιαστικών που λήγουν σε *-er*, έτσι και εδώ ορισμένα μέλη του σώματος εξαιρούνται από τον κανόνα που θέλει την κατάληξη *-el* να είναι αρσενικού γένους: die Achsel (η μασχάλη/ο ώμος)

- ορισμένες τροφές και τα συναφή εργαλεία: die Muschel (θαλασσινά: τα μύδια, από τη λέξη *muscular* του 9[ου] αιώνα), die Nudel, die Gabel (αυτό το σημαντικό οικιακό εργαλείο, το πιρούνι, είναι θηλυκού γένους – βλ. επεξήγηση στην Εισαγωγή), όπως θηλυκά είναι και ορισμένα ακόμα μέσα/εργαλεία που λήγουν σε *-el*: die Nadel, die Kordel (το κορδόνι), die Kurbel (η μανιβέλα), die Tafel (ο πίνακας ή το επίσημο τραπέζι, π.χ. η κορυφή του τραπεζιού)

- die Angel (ο μεντεσές, το καλάμι ψαρέματος)

- οι φράσεις, οι κανόνες και οι εξιστορήσεις είναι συνήθως θηλυκού γένους: die Bibel, die Regel, die Klausel (η ρήτρα/ο όρος), die Fabel, die Floskel (τα κενά λόγια, όταν λέμε κάτι έτσι απλά, χωρίς να το εννοούμε στην πραγματικότητα)

- αντικείμενα που λάμπουν/παράγουν φως: die Ampel (το φανάρι, ο φωτεινός σηματοδότης, όπως το *die Lampe*), die Fackel (ο πυρσός, από τη λέξη *fackala* του 8[ου] αιώνα)

- die Insel (το νησί, από τη λατινική λέξη *insula,* η οποία έχει την κατάληξη θηλυκού γένους *-a*)

- die Klientel (η πελατεία, από τη λατινική λέξη *clientela,* η οποία έχει την κατάληξη θηλυκού γένους *-a*)

- die Kugel (η λέξη είχε κατάληξη θηλυκού γένους *-e* τον Μεσαίωνα), die Gondel (από την ιταλική λέξη *gondola*, όπου η κατάληξη *-a* είναι συνήθως θηλυκού γένους), die Kapsel (από τη λατινική λέξη *capsula*), die Orgel (από τη λατινική λέξη *organa*), die Formel (από τη λατινική λέξη *formula*), die Geisel (ο όμηρος, πρόσωπο αρσενικού ή θηλυκού γένους)

Εξαιρέσεις: Περίπου 15 τοις εκατό των ουσιαστικών που λήγουν σε *-el* είναι ουδέτερου γένους.

- das Debakel (γλωσσικό δάνειο από τα Γαλλικά – τα γλωσσικά δάνεια είναι συνήθως ουδέτερου γένους. Ίδια κατηγορία με τα *das Fiasko, das Desaster*)
- das Ferkel (το γουρουνόπουλο – τα υποκοριστικά είναι συνήθως ουδέτερου γένους)
- das Hotel (ίδια κατηγορία με το *das Gasthaus* – τα ονόματα των ξενοδοχείων είναι ουδέτερου γένους)
- das Kabel (ίδια κατηγορία με το *das Seil*: το σκοινί/το σύρμα)
- das Kapitel (τμήμα του *das Buch*, λατινικής προέλευσης: *capitulum,* ουσιαστικό ουδέτερου γένους στα Λατινικά που παρέμεινε ουδέτερο και αφού εισήχθη στη γερμανική γλώσσα)
- das Mittel (το μέσο: συνδέεται με τα *das Geld, das Kapital*)
- das Nickel (τα μέταλλα είναι συνήθως ουδέτερου γένους)
- das Orakel (μπορεί να αναφέρεται σε πρόσωπο αρσενικού ή θηλυκού γένους ή ακόμα και σε πράγμα. Προέρχεται από τη λατινική λέξη ουδέτερου γένους *oraculum* – τα γλωσσικά δάνεια είναι συνήθως ουδέτερου γένους στη γερμανική γλώσσα)
- das Paddel (γλωσσικό δάνειο – ίδια κατηγορία ουδέτερου γένους με το *das Ruder*)
- das Pendel (από τη λατινική λέξη *pendulum*)

- das Rätsel (ίδια κατηγορία ουδέτερου γένους με τα *das Geheimnis, das Mysterium, das Phänomen, das Wunder*)
- das Rudel (η αγέλη/το κοπάδι/το σμήνος/η ορδή: τα περιληπτικά ουσιαστικά είναι συνήθως ουδέτερου γένους, ιδίως όταν αρχίζουν από *Ge-*)
- das Segel (το ιστίο: από το *das Tuchstück*)
- das Übel (το κακό: ίδια κατηγορία ουδέτερου γένους με τα *das Böse, das Leid*)
- das Wiesel (μικρό ζώο: η νυφίτσα)

-eur: (αλλά όχι *-ur*)[38]

- der Akteur
- der Amateur
- der Charmeur
- der Chauffeur
- der Dekorateur
- der Deserteur
- der Dompteur
- der Dresseur
- der Exporteur
- der Filmregisseur
- der Flaneur
- der Friseur
- der Gouverneur
- der Graveur
- der Hasardeur
- der Importeur
- der Ingenieur
- der Innendekorateur
- der Inspekteur
- der Installateur
- der Instrukteur
- der Jongleur
- der Kollaborateur
- der Kolporteur

- der Kommandeur
- der Konstrukteur
- der Kontrolleur
- der Marodeur
- der Masseur
- der Monteur
- der Operateur
- der Parfümeur
- der Profiteur
- der Provokateur
- der Redakteur
- der Regisseur
- der Saboteur
- der Schwadroneur
- der Souffleur
- der Spediteur
- der Transporteur
- der Voyeur

Εξαίρεση: *das Interieur* (άψυχο αντικείμενο και όχι επάγγελμα, ρόλος ή δραστηριότητα).

-ich: Τα ουσιαστικά που λήγουν σε *-ich* είναι αρσενικού γένους σε ποσοστό 81 τοις εκατό.[39]

- der Anstrich
- der Ausgleich
- der Bereich
- der Deich (το ανάχωμα)
- der Fittich (ποιητικό: οι φτερούγες των πουλιών – ίδια κατηγορία με το *der Flügel*)
- der Streich
- der Strich
- der Teich
- der Teppich
- der Vergleich

- der Wüterich (αυτός που εξαγριώνεται εύκολα, που βγαίνει εκτός εαυτού)

-ig: der Honig, der Käfig, der Teig, der Pfennig

-iker: (αρσενικού γένους 100 τοις εκατό)

- der Agnostiker
- der Akademiker
- der Alkoholiker
- der Analytiker
- der Aphoristiker
- der Apokalyptiker
- der Arithmetiker
- der Asthmatiker
- der Astrophysiker
- der Automechaniker
- der Bautechniker
- der Biochemiker
- der Botaniker
- der Chemiker
- der Computertechniker
- der Diabetiker
- der Dogmatiker
- der Dramatiker
- der Egozentriker
- der Elektriker
- der Elektroniker
- der Elektrotechniker
- der Epiker
- der Epileptiker
- der Esoteriker
- der Ethiker
- der Exzentriker
- der Fanatiker
- der Genetiker
- der Grafiker/Graphiker

- der Häretiker
- der Heilpraktiker
- der Historiker
- der Hysteriker
- der Informatiker
- der Ironiker
- der Keramiker
- der Kernphysiker
- der Klassiker
- der Kleriker
- der Komiker
- der Kosmetiker
- der Kritiker
- der Kybernetiker
- der Logiker
- der Lyriker
- der Marketingpraktiker
- der Mathematiker
- der Mechaniker
- der Mimiker
- der Musiker
- der Mystiker
- der Neurotiker
- der Optiker
- der Philharmoniker
- der Physiker
- der Polemiker
- der Politiker
- der Pragmatiker
- der Praktiker
- der Prognostiker
- der Psychoanalytiker
- der Psychotiker
- der Rhetoriker
- der Romantiker
- der Sanguiniker

- der Satiriker
- der Skeptiker
- der Statiker
- der Statistiker
- der Stoiker
- der Taktiker
- der Techniker
- der Theoretiker
- der Verschwörungstheoretiker
- der Zahntechniker
- der Zyniker

-ismus: (αρσενικού γένους 100 τοις εκατό)

- der Absolutismus
- der Abstimmungsmechanismus
- der Aktionismus
- der Aktivismus
- der Alkoholismus
- der Alpinismus
- der Altruismus
- der Anachronismus
- der Analphabetismus
- der Anarchismus
- der Anglizismus
- der Antagonismus
- der Antifaschismus
- der Antikonformismus
- der Antisemitismus
- der Aphorismus
- der Arabismus
- der Archaismus
- der Atavismus
- der Atheismus
- der Autismus
- der Automatismus
- der Behaviorismus

- der Bilingualismus
- der Bioterrorismus
- der Buddhismus
- der Calvinismus
- der Chauvinismus
- der Dadaismus
- der Darwinismus
- der Defätismus
- der Deismus
- der Despotismus
- der Determinismus
- der Dogmatismus
- der Druckmechanismus
- der Egalitarismus
- der Egoismus
- der Egozentrismus
- der Elektromagnetismus
- der Eskapismus
- der Euphemismus
- der Evolutionismus
- der Exhibitionismus
- der Existentialismus
- der Exorzismus
- der Expressionismus
- der Extremismus
- der Fanatismus
- der Faschismus
- der Fatalismus
- der Feminismus
- der Fetischismus
- der Feudalismus
- der Finanzkapitalismus
- der Föderalismus
- der Fundamentalismus
- der Funktionalismus
- der Futurismus
- der Germanismus

- der Gigantismus
- der Hedonismus
- der Hellenismus
- der Hinduismus
- der Humanismus
- der Idealismus
- der Imperialismus
- der Impressionismus
- der Individualismus
- der Intellektualismus
- der Internationalismus
- der Irrationalismus
- der Islamismus
- der Isolationismus
- der Journalismus
- der Judaismus
- der Kannibalismus
- der Kapitalismus
- der Katechismus
- der Katholizismus
- der Klassizismus
- der Kollektivismus
- der Kolonialismus
- der Kommunismus
- der Konformismus
- der Konfuzianismus
- der Konservatismus
- der Konsultationsmechanismus
- der Kreationismus
- der Kubismus
- der Kulturimperialismus
- der Laizismus
- der Leninismus
- der Liberalismus
- der Linksextremismus
- der Lobbyismus
- der Magnetismus

- der Maoismus
- der Marxismus
- der Masochismus
- der Massentourismus
- der Materialismus
- der Mechanismus
- der Metabolismus
- der Mikroorganismus
- der Militarismus
- der Minimalismus
- der Modernismus
- der Monotheismus
- der Moralismus
- der Multikulturalismus
- der Nationalismus
- der Nationalsozialismus
- der Naturalismus
- der Nazismus
- der Neoliberalismus
- der Neologismus
- der Neomarxismus
- der Nepotismus
- der Neuklassizismus
- der Nihilismus
- der Nonkonformismus
- der Nudismus
- der Ökotourismus
- der Opportunismus
- der Optimismus
- der Organismus
- der Paganismus
- der Parallelismus
- der Parlamentarismus
- der Paternalismus
- der Patriotismus
- der Pazifismus
- der Perfektionismus

- der Pessimismus
- der Platonismus
- der Pluralismus
- der Populismus
- der Pragmatismus
- der Professionalismus
- der Protektionismus
- der Protestantismus
- der Puritanismus
- der Radikalismus
- der Rassismus
- der Rationalismus
- der Realismus
- der Rechtsextremismus
- der Rechtsradikalismus
- der Republikanismus
- der Revanchismus
- der Revisionismus
- der Sadismus
- der Schutzmechanismus
- der Separatismus
- der Sexismus
- der Sicherungsmechanismus
- der Skeptizismus
- der Snobismus
- der Sozialismus
- der Subjektivismus
- der Surrealismus
- der Syllogismus
- der Syndikalismus
- der Terrorismus
- der Thatcherismus
- der Tourismus
- der Tribalismus
- der Utilitarismus
- der Utopismus
- der Vandalismus

- der Veganismus
- der Vegetarismus
- der Voyeurismus
- der Vulgarismus
- der Zionismus
- der Zündungsmechanismus
- der Zynismus

Kn-:

- der Knabe
- der Knacker
- der Knall
- der Knebel
- der Kniff
- der Knopf
- der Knüppel
- der Knoblauch
- der Knochen

(Όσα περισσότερα σύμφωνα έχει ένα ουσιαστικό στην αρχή ή το τέλος του, τόσο περισσότερες πιθανότητες έχει να είναι αρσενικού γένους.[40] Εξαίρεση: *das Knie*).

-ling: Τα ουσιαστικά που λήγουν σε *-ling,* αλλά όχι απαραίτητα σε *-ing,*[41] είναι συνήθως αρσενικού γένους.

- der Abkömmling (ο απόγονος)
- der Ankömmling (ο νεόφερτος)
- der Dichterling (ο ποιητής δίχως ταλέντο)
- der Drilling (ο τρίδυμος)
- der Eindringling (ο εισβολέας)
- der Erdling (ο κάτοικος της Γης)
- der Flüchtling (ο πρόσφυγας)
- der Frühling (η άνοιξη)
- der Lehrling (ο μαθητευόμενος)
- der Liebling (ο αγαπημένος/η συμπάθεια κάποιου)

- der Säugling (το βρέφος)
- der Schmetterling (η πεταλούδα)
- der Schützling (ο προστατευόμενος)
- der Schwächling (ο αδύναμος, ο μαλθακός)
- der Zwilling (ο δίδυμος)

-mpf:

- der Dampf (ο ατμός/ο καπνός)
- der Kampf
- der Krampf
- der Rumpf
- der Strumpf
- der Stumpf
- der Sumpf (ο βάλτος)
- der Trumpf

-ner: der Kenner (ο γνώστης), der Ordner (ο φάκελος/το ντοσιέ)

Εξαιρέσεις: das Banner (τα γλωσσικά δάνεια είναι συνήθως ουδέτερου γένους), die Wiener (όταν αναφέρεται στο *die Wiener Wurst*)

-og:

- der Blog (επίσης *das* Blog)
- der Dialog
- der Herzog
- der Katalog
- der Monolog
- der Smog
- der Sog (η δίνη, η περιστροφική κίνηση μάζας νερού ή ανέμου που αφήνει πίσω του, για παράδειγμα, το αεροπλάνο ή το πλοίο)
- der Trog (το παχνί/η ταΐστρα/η σκάφη)

-on: der Marathon, der Thron

-pf: Τα ουσιαστικά που λήγουν σε *-pf* είναι συχνά αρσενικού γένους: der Kopf, der Zopf, der Napf, der Knopf, der Kropf, der Pfropf, der Schopf (το τσουλούφι), der Topf, der Gugelhupf, der Unterschlupf (το καταφύγιο/η κρυψώνα)

Schwa-: der Schwabe, der Schwachsinn, der Schwall, der Schwamm, der Schwan, der Schwank, der Schwanz (Εξαιρέσεις: *die Schwalbe* – το χελιδόνι, πτηνό το οποίο έχει την κατάληξη θηλυκού γένους *-e*).

-tel: βλ. παραπάνω σχετικά με την κατηγορία σε *-el*

-u: Τα ουσιαστικά που λήγουν σε άτονο *-u*

- der Akku (σύντμηση του *der Akkumulator*, η μπαταρία)
- der Bau
- der Guru
- der Klau
- der Pneu (ίδια κατηγορία αρσενικού γένους με το *der Reifen*)
- der Stau
- der Tofu
- der Uhu (ο μπούφος – τα πτηνά μεγαλύτερου μεγέθους είναι συνήθως αρσενικού γένους)

Τα ουσιαστικά που λήγουν σε *-u* που τονίζεται δεν είναι συνήθως αρσενικού γένους (τα ακόλουθα παραδείγματα είναι όλα δανειζόμενα ουσιαστικά από άλλη γλώσσα, γεγονός που τα καθιστά κατά κανόνα ουδέτερου γένους):

- das Adieu
- das Plateau
- das Tabu
- das Tiramisu

-uch: Τα ουσιαστικά που λήγουν σε *-uch* είναι αρσενικού ή ουδέτερου γένους.

- der Abbruch
- der Besuch
- der Bruch
- der Einbruch
- der Einspruch
- der Eunuch
- der Fluch
- der Geruch/der Ruch
- der Spruch
- der Umbruch
- der Unterbruch
- der Versuch
- der Zuspruch

Παραδείγματα ουδέτερου γένους:

- das Buch
- das Gesuch (η γραπτή αίτηση – τα έγγραφα είναι συνήθως ουδέτερου γένους: *das Schreiben, das Wort, das Papier, das Blatt, das Dokument, das Buch*)
- das Tuch

-ug: der Flug, der Abflug, der Ausflug, der Zug, der Anzug, der Einzug, der Umzug, der Unfug

-und: der Bund, der Grund, der Schund (το κιτς/το σκουπίδι), der Hund, der Fund, der Schwund (η ελάττωση/η μείωση/η ατροφία), der Schlund (ο φάρυγγας), der Mund (εξαίρεση ουδέτερου γένους: das Pfund)

-us:

- der Abakus
- der Airbus

- der Bonus
- der Bus
- der Campus
- der Diskus
- der Exodus
- der Fiskus
- der Fokus
- der Kaktus
- der Malus
- der Modus
- der Nexus
- der Radius
- der Status
- der Tetanus
- der Typhus
- der Typus
- der Zirkus
- der Zyklus

Εξαιρέσεις ουδέτερου γένους:

- das Genus (το γραμματικό γένος)
- das Haus
- das Minus
- das Opus
- das Plus
- das Virus (στον τεχνικό, επιστημονικό λόγο χρησιμοποιείται κατά προτίμηση στο ουδέτερο γένος, *das Virus*, αλλά στην καθομιλουμένη απαντάται μερικές φορές και ως ουσιαστικό αρσενικού γένους με το άρθρο *der*)

Εξαιρέσεις θηλυκού γένους:

- die Maus (τα μικρότερα ζώα τα οποία δεν λήγουν σε *-er* είναι συνήθως θηλυκού γένους)
- die Venus (η θεά των Ρωμαίων για τον έρωτα, καθώς και ο πλανήτης)

Οι φθόγγοι σχετίζονται, επίσης, με το πόσο μεγάλες ή μικρές είναι οι λέξεις. Έρευνες έχουν δείξει ότι οι μικρές, μονοσύλλαβες λέξεις είναι στη συντριπτική τους πλειοψηφία αρσενικού γένους, και στη συνέχεια ουδέτερου και θηλυκού γένους.[42]

Μονοσύλλαβα ουσιαστικά που είναι αρσενικού γένους (παρατηρήστε τη συχνότητα εμφάνισης συμφώνων στην αρχή και το τέλος των ουσιαστικών):

- der Arm
- der Darm
- der Gott
- der Spott
- der Schrott
- der Fuss
- der Fluss
- der Guss
- der Kuss
- der Schluss
- der Schuss
- der Schein
- der Stein
- der Wein
- der Brei
- der Schrei
- der Klatsch
- der Tratsch
- der Druck
- der Ruck
- der Schluck
- der Schmuck
- der Schwanz
- der Kranz
- der Zins
- der Mix

- der Tee
- der Chip
- der Clip
- der Trip

Τα μονοσύλλαβα ουσιαστικά που αρχίζουν από *Kn-* είναι συνήθως αρσενικού γένους (ιδίως όταν λήγουν σε σύμφωνο):

- der Knast
- der Knopf
- der Knack
- der Knall
- der Knauf
- der Knecht
- der Knick
- der Kniff

(Εξαίρεση: das Knie)

Τα μονοσύλλαβα ουσιαστικά που λήγουν σε *-t* είναι συνήθως αρσενικού γένους:

- der Staat

από το οποίο παράγονται αρκετά σύνθετα ουσιαστικά:

- der Agrarstaat
- der Bundesstaat
- der Dienstleistungsstaat
- der Einheitsstaat
- der Feudalstaat
- der Golfstaat
- der Industriestaat
- der Inselstaat
- der Kirchenstaat
- der Kleinstaat
- der Küstenstaat

- der Mitgliedsstaat
- der Nachbarstaat
- der Nationalstaat
- der Ölstaat
- der Oststaat
- der Polizeistaat
- der Rechtsstaat
- der Satellitenstaat
- der Schurkenstaat
- der Sozialstaat
- der Stadtstaat
- der Vasallenstaat
- der Wohlfahrtsstaat

- der Markt

από το οποίο παράγονται αρκετά συνηθισμένα σύνθετα ουσιαστικά:

- der Agrarmarkt
- der Aktienmarkt
- der Binnenmarkt
- der Devisenmarkt
- der Kreditmarkt

- der Saft

από το οποίο παράγεται κάθε είδος χυμού που μπορούμε να φανταστούμε:

der Apfelsaft, der Fruchtsaft, der Hustensaft, der Orangensaft, der Tomatensaft, der Traubensaft, der Zitronensaft

- der Wert

από το οποίο παράγεται μια πληθώρα σύνθετων ουσιαστικών, τα οποία χρησιμοποιούνται κυρίως στην ειδική γλώσσα, όταν πρόκειται για μετρήσιμα μεγέθη:

  - der Anfangswert
  - der Anlagewert
  - der Anpassungswert
  - der Bauwert
  - der Bodenwert
  - der Bruttowert
  - der Buchungswert
  - der Buchwert
  - der Defaultwert
  - der Depotwert
  - der Dezimalwert
  - der Durchschnittswert
  - der Emissionswert
  - der Endwert
  - der Erfahrungswert
  - der Ertragswert
  - der Extremwert
  - der Gegenwert
  - der Geldwert
  - der Gesamtwert
  - der Grenzwert
  - der Grundwert
  - der Handelswert
  - der Höchstwert
  - der Indexwert
  - der Kalorienwert
  - der Kapitalwert
  - der Kaufwert
  - der Kennwert
  - der Kurswert
  - der Marktwert

- der Maximalwert
- der Mehrwert
- der Mietwert
- der Mindestwert
- der Mittelwert
- der Nettowert
- der Nominalwert
- der Realwert
- der Restwert
- der Seltenheitswert
- der Sollwert
- der Standardwert
- der Toleranzwert
- der Umrechnungswert
- der Wiederverkaufswert

- der Test (από το οποίο παράγονται αρκετά σύνθετα ουσιαστικά: π.χ. der Abgastest, der Backtest, der Dopingtest)

- der Draht (το σύρμα, από το οποίο παράγονται σύνθετα ουσιαστικά, όπως το *der Stacheldraht*, το συρματόπλεγμα)

- der Bart, der Start, der Wart (το πρόσωπο που είναι υπεύθυνο για κάτι, εξού και *der Abwart*), αλλά *die Gegenwart*, επειδή είναι συνώνυμο των *die Jetztzeit, die Präsenz*

- der Hut

- Τα μονοσύλλαβα ουσιαστικά που λήγουν σε *-d* είναι συνήθως αρσενικού γένους:

der Brand, der Bund, der Feind, der Fjord, der Fund, der Held, der Herd, der Fond, der Grad, der Hund, der Mond, der Mund, der Neid, der Pfad, der Rand, der Sand, der Stand, der Sold, der Tod, der Trend, der Wind

Οι εξαιρέσεις ουδέτερου και θηλυκού γένους εξηγούνται συνήθως βάσει του 1[ου] Κανόνα (των κατηγοριών).

- Ουδέτερου γένους μονοσύλλαβα ουσιαστικά που λήγουν σε *-d*: das Bad, das Bild, das Glied, das Kleid, das Gold (τα μέταλλα είναι συνήθως ουδέτερου γένους), das Hemd, das Jod (οι χημικές ουσίες είναι συνήθως ουδέτερου γένους), das Kind, das Land, das Leid, das Lied, das Rad, das Pferd, das Rind, das Pfund (οι μονάδες μέτρησης βάρους είναι συνήθως ουδέτερου γένους), das Feld, das Wild

- Άλλα μονοσύλλαβα ουσιαστικά που είναι ουδέτερα: das Bein (το πόδι), das Blut (το αίμα), das Buch, das Feld, das Floss, das Gut (όπως στο das Kulturgut), das Haar (η τρίχα), das Heim, das Herz (η καρδιά), das Ja, das Nein, das Jein (η απάντηση μεταξύ του ναι και του όχι), das Kinn (το πιγούνι), das Knie (το γόνατο), das Ohr (το αυτί), das Ross, das Schloss, das Sein, das Tuch, das Zelt

- Θηλυκού γένους μονοσύλλαβα ουσιαστικά που λήγουν σε *-d*: die Hand, die Jagd (ο λόγος για τον οποίο το κυνήγι είναι θηλυκού γένους εξηγείται στην Εισαγωγή), die Magd, die Wand (οι επίπεδες επιφάνειες είναι συνήθως θηλυκού γένους)

- Άλλα μονοσύλλαβα ουσιαστικά που είναι θηλυκά: die Kur, die Uhr, die Nuss

- Ουσιαστικά χωρίς επίθημα τα οποία προέρχονται από ρήματα είναι συνήθως αρσενικού γένους:

    - fallen → der Fall
    - fangen → der Fang
    - fluchen → der Fluch
    - gehen → der Gang
    - hängen → der Hang

- klingen → der Klang
- küssen → der Kuss
- sprechen → der Spruch
- zwingen → der Zwang

Ορισμένες φορές είναι, επίσης, ουδέτερου γένους: spielen → das Spiel, zelten → das Zelt, και λιγότερο συχνά είναι θηλυκού γένους: fliehen → die Flucht, wählen → die Wahl

-x:

Αρσενικού γένους: der Index, der Aktienindex, der DAX (Deutscher Aktienindex), der Bordeaux, der Komplex, der Kodex, der Reflex, der Sex

Θηλυκού γένους: die Box (αν και είναι δάνειο από την αγγλική γλώσσα, γεγονός που σημαίνει ότι θα έπρεπε να είναι ουδέτερου γένους, το ουσιαστικό *Box* είναι θηλυκού γένους, επειδή ανήκει στην ίδια κατηγορία θηλυκού γένους με το *die Büchse,* το κουτί, το δοχείο), *die Mailbox, die Crux, die Matrix*

Ουδέτερου γένους: das Paradox (γλωσσικό δάνειο από την ελληνική γλώσσα – τα γλωσσικά δάνεια είναι συνήθως ουδέτερου γένους), das Präfix, das Suffix (οι γραμματικοί όροι είναι συνήθως ουδέτερου γένους)

Die: Οι κανόνες για το θηλυκό γένος

1ος Κανόνας: Κατηγορίες

Αριθμοί και μαθηματικά: die Nummer, die Ziffer, die Zahl, die Null, die Eins, die Drei, die Algebra, die Mathematik, die Geometrie, die Rechnung, die Steuer (ο φόρος)

Ο χρόνος, ιδίως τα μικρότερης διάρκειας χρονικά διαστήματα: die Zeit, die Uhr, die Stunde, die Minute, die Sekunde. Τα μεγαλύτερης διάρκειας χρονικά διαστήματα είναι ουδέτερου γένους: das Jahr, das Jahrzehnt (η δεκαετία), das Jahrhundert (ο αιώνας), das Jahrtausend (η χιλιετία), ενώ τα ενδιάμεσα διαστήματα είναι αρσενικού γένους: der Tag, der Monat. Από τον κανόνα εξαιρούνται τα ουσιαστικά που έχουν την κατάληξη θηλυκού γένους *-e*: die Woche, die Dekade, die Epoche

Αρχή, εξουσία και διοίκηση: die Kraft (η δύναμη/η ισχύς), die Macht (η εξουσία/η δύναμη), die Power, die Leistung, die Energie, die Stärke, die Festigkeit, die Belastbarkeit, die Gewalt (η εξουσία/η βία), die Befugnis (η εξουσιοδότηση), die Wucht (η ορμή/η ισχύς πρόσκρουσης), die Potenz, die Mächtigkeit, die Herrschaft (η κυριαρχία/η εξουσία/η επικυριαρχία), die Vollmacht (η πληρεξουσιότητα), die Behörde, die Autorität, die Regierung, die Kontrolle (ο έλεγχος/η εποπτεία), die Steuerung (η διαχείριση/η διοίκηση), die Steuer (ο φόρος), die Zahlung (η πληρωμή/η καταβολή ποσού)

Κανόνες, άδεια και όρια: die Regelung (ρύθμιση/διάταξη/τακτοποίηση/διαχείριση), die Justiz, die Erlaubnis, die Frist, die Limitierung, die Grenze, die Begrenzung, die Beschränkung

Γνώση και σοφία: Η σοφία είναι θηλυκό ουσιαστικό τόσο στα αρχαία Ελληνικά όσο και στα Λατινικά. Ίσως, λοιπόν, δεν προκαλεί και τόσο μεγάλη έκπληξη το γεγονός ότι η γνώση και η σοφία αποτελούν κατηγορία θηλυκού γένους και στα Γερμανικά: die Art, die Besonnenheit, die Bildung, die Einsicht, die Gerechtigkeit, die Intelligenz, die Justiz, die Kenntnis, die Klugheit, die Kunst, die Methode, die Methodik, die Philosophie, die Ratio, die Sorgfalt, die Technik, die Technologie, die Umsicht, die Vorausschau, die Voraussicht, die Vorsicht, die Vernunft, die Weise, die Weisheit, die Weitsicht.

Επικοινωνία: die Kommunikation, die Rede, die Frage, die Antwort,[43] die Replik, die Sprache, die Prosa, die Dichtung, die Sprachform, die Literatur, die Vorstellung, die Präsentation, die Metapher, die Übertragung, die Wiedergabe, die Erwiderung, die Entgegnung, die Besprechung, die Kritik, die Rezension, die Darstellung, die Moderation, die Vorführung, die Fabel, die Floskel (τα κενά λόγια, όταν λέμε κάτι έτσι απλά, χωρίς να το εννοούμε στην πραγματικότητα). Τυχόν εξαιρέσεις εξηγούνται βάσει του 2ου Κανόνα. Τα ουσιαστικά που αρχίζουν από *Ge-* είναι συνήθως ουδέτερου γένους, επομένως: *das Gespräch, das Gerede*. Τα ουσιαστικά που λήγουν σε *-og* είναι συνήθως αρσενικού γένους, επομένως: *der Dialog*.

Μουσικά όργανα: die Musik, die Orgel, die Flöte, die Harfe, die Mundharmonika, die Geige, die Violine, die Konzertina, die Gitarre, die Glocke, die Mandoline, die Oboe, die Trompete (για εξαιρέσεις, βλ. την υποσημείωση με αριθμό 44)

Μορφή και σχήμα:[45] die Form, die Gestalt (η μορφή/το σχήμα/η φιγούρα), die Figur, die Silhouette, die Gestaltung (η διαμόρφωση/η διάταξη/η οργάνωση)

- **Επίπεδες επιφάνειες:**
    - die Ablage (το ράφι)
    - die Bildfläche (η οθόνη/η επιφάνεια της φωτογραφίας)
    - die Bohle (η σανίδα)
    - die Bramme (η πλάκα)
    - die Decke (η οροφή)
    - die Ebene (το επίπεδο/η πεδιάδα)
    - die Fläche (η επιφάνεια/η έκταση)
    - die Flanke (η πλευρά)
    - die Fliese (το πλακάκι)
    - die Kulisse (το παρασκήνιο)
    - die Platte (η πλάκα/η πιατέλα/ο δίσκος)
    - die Schale (η πιατέλα)
    - die Scheibe (η φέτα)
    - die Schublade (το συρτάρι)
    - die Seite
    - die Tafel (ο πίνακας)
    - die Theke (ο πάγκος/το μπαρ)
    - die Tischplatte (η τάβλα του τραπεζιού)
    - die Tragfläche (η πτέρυγα/το φτερό του αεροπλάνου)
    - die Tür
    - die Wand (ο τοίχος/η πλευρά), die Mauer (το τείχος)

- **Αιχμηρά αντικείμενα:**
    - die Brosche (η καρφίτσα/η πόρπη)
    - die Forke (η τσουγκράνα/η πιρούνα)
    - die Gabel (το πιρούνι)
    - die Klinge, die Schneide (η λεπίδα/η αιχμή)
    - die Lanze (το δόρυ/το κοντάρι)
    - die Nadel (η βελόνα)
    - die Schraube (η βίδα)
    - die Spitze (η κορυφή/η άκρη/η μύτη/η αιχμή)
    - die Spritze (η σύριγγα)
    - die Zinke (το δόντι πιρουνιού, χτένας κλπ.)

- **Διχαλωτά/γαμψά αντικείμενα:**
  - die Klaue (η οπλή)
  - die Kralle (το νύχι των ζώων)
  - die Pratze (ο γάντζος)
  - die Schere (το ψαλίδι)
  - die Zange (η λαβίδα/η πένσα/η τανάλια/η δαγκάνα)

- **Κοίλα αντικείμενα:**
  - die Box
  - die Büchse (το μεταλλικό δοχείο/το κονσερβοκούτι)
  - die Dose (το κονσερβοκούτι/το κουτί)
  - die Flasche
  - die Grotte
  - die Höhle (η σπηλιά)
  - die Hülle (το περίβλημα/η θήκη)
  - die Kiste (το κιβώτιο/το κασόνι)
  - die Röhre
  - die Schachtel (το κουτί)
  - die Schlucht (το φαράγγι/η χαράδρα/το ρέμα)
  - die Schüssel (το μπολ)
  - die Trommel (το ταμπούρλο/το τύμπανο/ο κύλινδρος)
  - die Tube

Οι περισσότεροι ποταμοί της Κεντρικής Ευρώπης: die Aare, die Limmat, die Reuss, die Rhone, die Donau, die Mosel, die Elbe, die Weser, die Oder (Εξαιρέσεις: der Rhein, der Main), καθώς και ποταμοί εκτός Ευρώπης που λήγουν σε *-a* ή *-e*

Κυνήγι: Το κυνήγι είναι αναπόφευκτα θηλυκού γένους χάρη στις θεότητες των αρχαίων Ελλήνων και των Ρωμαίων που ήταν προστάτιδες του κυνηγιού, την Άρτεμη και τη Ντιάνα: die Jagd, die Suche, die Verfolgung, die Hetze, die Flucht, die Wildnis

Τροφή και διατροφή: die Nahrung (το φαγητό/η τροφή/η διατροφή/η δίαιτα), die Speise (το φαγητό/το πιάτο/το γεύμα), die Kost, καθώς και η τροφή που προέρχεται από τα θηλυκά θηλαστικά: die Milch, die Muttermilch (το μητρικό γάλα)

Χειρονομίες: die Geste (η χειρονομία), die Gestik, die Gebärde, die Bewegung, die Attitüde, die Körperhaltung, die Körpersprache, die Haltung, die Positur, die Stellung, die Pose

Ναυτικά σινιάλα, το ναυτικό και ιστιοπλοϊκά σκάφη: die Bake (σήμα προσανατολισμού), die Boje (η σημαδούρα), die Tonne (η σημαδούρα), die Marine (το ναυτικό), die Handelsmarine, die Kriegsmarine, die Flotte, die Navy, die Jacht/die Yacht

Θερμοκρασία: die Temperatur

- Η ζέστη και τα θερμά μέρη: die Sonne, die Glut (η θράκα/η κάψα/η θέρμη), die Wärme, die Hitze, die Wüste, die Sahara, die Hölle, die Heizung, die Wärmesenke (ο απαγωγός θερμότητας)

- Το κρύο και τα ψυχρά μέρη: die Kälte, die Frostigkeit, die Erkältung, die Arktis, die Antarktis, die Kühle

Μάρκες μηχανών: die BMW (μόνο η μηχανή, όχι το αυτοκίνητο), die Yamaha

Είδη αεροσκαφών: die Boeing 747, die Challenger, die Tupolew, αλλά *der Airbus* εκ του *der Bus*

Ονομασίες πλοίων (ακόμα και στις περιπτώσεις όπου το ουσιαστικό θα έπρεπε να είναι κανονικά αρσενικού γένους): die Bismarck, die Titanic, παρόλο που η γενικότερη κατηγορία είναι ουδέτερου γένους (das Schiff, das Boot)

Ζώα με την κατάληξη θηλυκού γένους *-e* (die Schildkröte, die Giraffe, ωστόσο όχι πάντα) ή την κατάληξη *-in* (die Löwin), ή οικόσιτα ζώα που παράγουν γάλα (die Kuh, die Geiss, die

Ziege) ή αυγά (die Gans, die Henne) ή μικρότερα ζώα που δεν λήγουν σε *-er* (π.χ. die Maus) είναι συνήθως θηλυκού γένους.

Αρκετά είδη πτηνών είναι θηλυκού γένους (ιδίως όσα είναι μικρότερα σε μέγεθος): die Amsel (ο κότσυφας), die Drossel (η τσίχλα), die Ente (η πάπια), die Elster (η καρακάξα – ένα σπάνιο παράδειγμα όπου η κατάληξη *-er* αντιστοιχεί σε ουσιαστικό θηλυκού γένους, επειδή οι παλιότερες μορφές του ουσιαστικού είχαν την κατάληξη θηλυκού γένους *-a*), die Eule (η κουκουβάγια), die Gans (η χήνα), die Krähe (ο κόρακας), die Möwe (ο γλάρος), die Nachtigall (το αηδόνι), die Schwalbe (το χελιδόνι), die Taube (το περιστέρι), die Wachtel (το ορτύκι). Οι εξαιρέσεις πτηνών αρσενικού γένους που λήγουν σε φωνήεν, το οποίο παραπέμπει σε ουσιαστικά θηλυκού γένους είναι σπάνιες: der Falke (το γεράκι), der Papagei (ο παπαγάλος).

Πολλά έντομα είναι θηλυκού γένους (ιδίως όταν έχουν την κατάληξη θηλυκού γένους *-e*): die Ameise, die Biene, die Fliege, die Grille, die Libelle, die Mücke, die Spinne, die Wespe, die Zecke, die Zikade. Υπάρχει, επίσης, μια μεγάλη ομάδα εντόμων με καταλήξεις που παραπέμπουν σε ουσιαστικά αρσενικού γένους, π.χ. der Floh, der Käfer

Πολλά δέντρα είναι θηλυκού γένους: die Buche (η οξιά), die Eiche (η βελανιδιά), die Birke, die Kiefer, die Palme, die Pappel (η λεύκη), die Tanne. Ορισμένες εξαιρέσεις: der Ahorn (ο σφένδαμος), der Wacholder (η άρκευθος)

Άνθη (ιδίως αν έχουν την κατάληξη θηλυκού γένους *-e*): die Rose, die Tulpe, die Nelke (το γαρίφαλο), die Mimose, die Chrysantheme, με αρκετές εξαιρέσεις, ιδίως αν έχουν την κατάληξη των υποκοριστικών *-en*, η οποία παραπέμπει σε ουσιαστικά ουδέτερου γένους: das Stiefmütterchen (ο πανσές), das Veilchen (ο μενεξές)

Φρούτα και καρποί: die Ananas, die Apfelsine, die Aprikose, die Banane, die Birne, die Erdbeere, die Dattel, die Feige, die

Guave, die Grapefruit, die Kiwi, die Kirsche, die Kokosnuss, die Kumquat, die Litschi, die Mandel, die Mango, die Melone, die Nuss, die Orange, die Pflaume, die Quitte, die Zitrone (Εξαιρέσεις: der Apfel, der Granatapfel, der Pfirsich – τα τρία τελευταία υπακούουν στον κανόνα των φθόγγων: τα ουσιαστικά που λήγουν σε *-el* είναι στη συντριπτική τους πλειοψηφία αρσενικού γένους και τα ουσιαστικά που λήγουν και αρχίζουν από πολλά σύμφωνα είναι συνήθως αρσενικού γένους, με χαρακτηριστικό παράδειγμα το *Pfirsich*)

Οδοντόκρεμα και μάρκες οδοντόκρεμας: die Zahnpasta, die Colgate

Γραμματοσειρά: die Helvetica

Λογισμικό: die Software (συνώνυμο του *die Programmausstattung*), die Malware, die Ransomware (*die Erpressersoftware*), die Applikation (από το οποίο προκύπτει η σύντμηση *die App*, ή αν θεωρήσετε ότι η λέξη App αναφέρεται στο *das Programm*, τότε μπορείτε να της αποδώσετε το ουδέτερο γένος – και τα δύο γένη γίνονται δεκτά για τη λέξη *App*)

Ουσιαστικά που υποδηλώνουν πρόσωπα και ιδιότητες που είναι από τη φύση τους θηλυκά είναι συνήθως θηλυκού γένους: die Mutter, die Tochter, die Frau, die Schwester, ωστόσο όχι πάντα. Εξαιρέσεις: das Mädchen (εξαιτίας του 2ου Κανόνα: Τα υποκοριστικά είναι ουδέτερου γένους). Για να μετατρέψουμε μια ιδιότητα αποκλειστικά σε ουσιαστικό θηλυκού γένους, χρησιμοποιούμε κατά κανόνα την κατάληξη *-in*: die Lehrerin, die Kaiserin, die Königin, die Ärztin

2ος Κανόνας: Φθόγγοι

Στα Γερμανικά, όπως και στα αρχαία Ελληνικά και τα Λατινικά, οι λέξεις που λήγουν σε *-a* και *-e* έχουν μεγαλύτερη πιθανότητα να είναι θηλυκού γένους.

-a: Τα ουσιαστικά που λήγουν σε *-a* είναι συνήθως θηλυκού γένους, ιδίως αν προέρχονται από ουσιαστικά των αρχαίων Ελληνικών ή των Λατινικών τα οποία λήγουν σε *-a*, χωρίς, ωστόσο, αυτό να αποτελεί πάντοτε τον κανόνα (βλ. παρακάτω): die Ära, die Agenda, die Algebra, die Angina, die Aorta, die Arena, die Aula, die Diva, die Fauna, die Flora, die Gala, die Kamera, die Lava, die Lira, die Mama, die Malaria, die Pasta, die Paella, die Peseta, die Pizza, die Quinoa, die Sauna, die Siesta, die Villa, die Viola

Εξαιρέσεις: Ουσιαστικά αρχαιοελληνικής προέλευσης που λήγουν σε *-ma*

- das Aroma
- das Asthma
- das Charisma
- das Drama
- das Dilemma
- das Dogma
- das Klima
- das Komma
- das Magma
- das Plasma
- das Schema
- das Schisma
- das Sperma
- das Stigma
- das Thema
- das Trauma

Ωστόσο: *die Firma* (επειδή δεν είναι αρχαιοελληνικής προέλευσης και είναι συνώνυμο του ουσιαστικού *die Gesellschaft*)

-acht: die Acht, die Fracht, die Macht, die Pracht, die Jacht/Yacht, die Pacht, die Tracht, die Wacht (η σκοπιά), die Zwietracht (η διχόνοια), die Eintracht (η ομόνοια). Ωστόσο: *der* Verdacht (η υποψία)

-ade: die Arkade, die Akkolade, die Ballade, die Barrikade, die Brigade, die Blockade, die Marmelade, die Fassade, die Dekade, die Eskapade, die Parade, die Gnade, die Gerade, die Kaskade, die Schublade, die Limonade, die Marinade, die Passage, die Schokolade, die Olympiade, die Promenade, die Roulade, die Serenade, die Tirade

-age: die Garage, die Montage, die Etage, die Spionage, die Persiflage, die Blamage

-anz: die Bausubstanz, die Bilanz, die Brillanz, die Diskrepanz, die Dominanz, die Eleganz, die Instanz, die Toleranz (ωστόσο: *der Kranz*, επειδή τα μονοσύλλαβα ουσιαστικά είναι συνήθως αρσενικού γένους)

-art: Ορισμένα ουσιαστικά με συνθετικό το *die Art*: die Eigenart, die Gangart, die Sportart, die Tonart

-e: Τα ουσιαστικά που λήγουν σε *-e* είναι θηλυκού γένους σε ποσοστό περίπου 90 τοις εκατό.[46] Τα ουσιαστικά που λήγουν σε *-e* είναι συνήθως θηλυκού γένους, εφόσον δεν αναφέρονται σε πρόσωπο αρσενικού γένους (π.χ. der Junge) και δεν αρχίζουν από την άτονη συλλαβή *Ge-* (π.χ. der Gedanke). Περαιτέρω εξαιρέσεις αναφέρονται παρακάτω. Τα ουσιαστικά με το παράγωγο επίθημα *-e* είναι πάντοτε θηλυκού γένους: reden → die Rede, flach → die Fläche. Επίσης, ας σημειωθεί ότι η προσθήκη της κατάληξης *-e* στο τέλος του ουσιαστικού συνεπάγεται ότι αυτή θα πρέπει να προφερθεί, γεγονός το οποίο αυτομάτως σημαίνει ότι ακόμα και οι μικρές λέξεις που λήγουν σε *-e* θα πρέπει να αποτελούνται από περισσότερες της μίας συλλαβές. Έτσι, μπορούμε να εξηγήσουμε γιατί οι μονοσύλλαβες λέξεις είναι λιγότερο πιθανόν να είναι θηλυκού γένους. Στατιστικά είναι πιθανότερο να είναι αρσενικού γένους.

Παραδείγματα ουσιαστικών θηλυκού γένους που λήγουν σε *-e*:

die Adresse, die Ameise, die Analyse, die Banane, die Beute, die Biene, die Bitte, die Blume, die Bremse, die Brücke, die Decke, die Diagnose, die Ebbe, die Ecke, die Ehe, die Erde, die Fahne, die Falle, die Farbe, die Flagge, die Fliege, die Flöte, die Frage, die Freude, die Gasse, die Giraffe, die Gitarre, die Grenze, die Hose, die Jacke, die Kanne, die Kante, die Kappe, die Karte, die Kirsche, die Klasse, die Kleie (το πίτουρο), die Krabbe, die Kreide, die Krise, die Krücke, die Lampe, die Liebe, die Lippe, die Liste, die Lücke, die Lüge, die Lunge, die Masse, die Matte, die Melone, die Messe, die Minute, die Motte, die Narbe, die Nase, die Nonne, die Oase, die Oboe, die Pause, die Pfanne, die Pflanze, die Pflaume, die Presse, die Rasse, die Ratte, die Reise, die Rolle, die Sache, die Schlange, die Schnecke, die Schokolade, die Schule, die Seele, die Seite, die Sekunde, die Socke, die Sonne, die Sorge, die Spange, die Speise, die Spinne, die Sprache, die Strasse, die Strecke, die Stunde, die Suche, die Summe, die Suppe, die Taille (η μέση), die Tanne, die Tasse, die Toilette, die Tomate, die Tonne, die Treue, die Trompete, die Vase, die Violine, die Waffe, die Wange, die Wespe, die Wiese, die Wonne (η ευχαρίστηση), die Zange, die Zecke, die Zelle, die Zinswende, die Zunge

Εξαιρέσεις: Λιγότερο από μόλις δέκα τοις εκατό των ουσιαστικών που λήγουν σε *-e* είναι αρσενικού γένους.[47] Εφόσον από στατιστικής άποψης η κατάληξη *-e* δεν είναι κατά κανόνα αρσενικού γένους, ορισμένα τέτοια ουσιαστικά ανήκουν στην κατηγορία των ουσιαστικών που κλίνονται ομαλά («schwache Nomen»). Ο τρόπος κλίσης αυτός ονομάζεται, επίσης, «N-Deklination», εξαιτίας του γεγονότος ότι κατά κανόνα προστίθεται ένα επιπλέον «n» στο τέλος των ουσιαστικών στην αιτιατική, τη δοτική και τη γενική πτώση του ενικού αριθμού.

Παραδείγματα ουσιαστικών αρσενικού γένους που λήγουν σε *-e*:

- der Buchstabe
- der Friede
- der Funke
- der Gedanke
- der Junge
- der Name
- der Same
- der Wille

Ορισμένες εθνικότητες που λήγουν σε *-e* είναι αρσενικού γένους:

der Afghane, der Baske, der Brite, der Bulgare, der Chinese, der Däne, der Franzose, der Grieche, der Ire, der Kroate, der Kurde, der Mongole, der Pole, der Russe, der Schotte, der Türke

Ορισμένα ουσιαστικά που αναφέρονται σε πρόσωπα/ιδιότητες και λήγουν σε *-e* είναι αρσενικού γένους:

- der Angsthase
- der Bote
- der Bube
- der Bursche
- der Erbe (ο κληρονόμος – η κληρονομιά = *das Erbe*)
- der Experte
- der Gatte
- der Gefährte (ο σύντροφος)
- der Heide
- der Insasse
- der Junge
- der Junggeselle
- der Knabe
- der Kollege
- der Kommilitone (ο συμφοιτητής)

- der Komplize
- der Kunde
- der Laie
- der Neffe
- der Riese
- der Sklave
- der Zeuge

Ορισμένα ουσιαστικά που αναφέρονται σε ζώα και λήγουν σε *-e* είναι αρσενικού γένους:

- der Affe
- der Bulle
- der Drache
- der Falke
- der Hase
- der Löwe
- der Ochse
- der Rabe
- der Schimpanse
- der Welpe (το κουτάβι – σπάνια εξαίρεση από τον κανόνα που θέλει τα υποκοριστικά να είναι συνήθως ουδέτερου γένους)

Ορισμένα επαγγέλματα που λήγουν σε *-e* είναι αρσενικού γένους:

der Biologe, der Gynäkologe, der Pädagoge, der Soziologe, der Stratege (υπεύθυνος χάραξης στρατηγικής)

Ένα κοινό ουσιαστικό που λήγει σε *-e* και είναι αρσενικού γένους είναι το *der Käse*. Προέρχεται από τη λατινική λέξη για το τυρί, *caseus,* η οποία είναι αρσενικού γένους και εισήχθη στη γερμανική γλώσσα, ενώ υπήρχε ήδη ένα ουσιαστικό αρσενικού γένους για το μαλακό τυρί, *der Quark.*

Λιγότερο από το ένα τοις εκατό των ουσιαστικών που λήγουν

σε *-e* είναι ουδέτερου γένους:[48]

- das Auge
- das Ende
- das Erbe (η κληρονομιά – ο κληρονόμος = *der Erbe*)
- das Finale (ιταλικής προέλευσης)
- das Genre (γαλλικής προέλευσης – τα γλωσσικά δάνεια είναι συνήθως ουδέτερου γένους.)
- das Image (γαλλικής προέλευσης)
- das Interesse (λατινικής προέλευσης – τα γλωσσικά δάνεια είναι συνήθως ουδέτερου γένους)
- das Karate (τα αθλήματα είναι συνήθως ουδέτερου γένους)
- das Konklave (λατινικής προέλευσης – τα γλωσσικά δάνεια είναι συνήθως ουδέτερου γένους. Το συγκεκριμένο ουσιαστικό ανήκει, επίσης, στην ίδια κατηγορία ουδέτερου γένους με το *das Gemach*, το δώμα ή το δωμάτιο)
- das Prestige (γαλλικής προέλευσης)
- das Prozedere (ιταλικής προέλευσης)
- das Regime (γαλλικής προέλευσης)

Ουσιαστικά που λήγουν σε *-e*, αλλά αρχίζουν από *Ge-* (γεγονός που τα καθιστά συνήθως ουδέτερου γένους):

- das Gebäude
- das Gebirge
- das Gefrage
- das Gemälde

Ουσιαστικά τα οποία προέρχονται από επίθετα, γεγονός που τα καθιστά συνήθως ουδέτερου γένους: das Gute, das Böse

-ee:

- die Allee (συνώνυμο του *die Strasse*)

- die Armee (συνώνυμο των *die Wehrmacht, die Wehr, die Bundeswehr, die Abwehr*, από όπου προκύπτει, επίσης, και το *die Feuerwehr*)
- die Fee
- die Idee
- die Matinee
- die Moschee
- die Odyssee
- die Orchidee
- die Soiree
- die Tournee

Υπάρχει, έπειτα, και ένα σημαντικό ουσιαστικό, *die See* (η θάλασσα), η οποία μετατρέπεται σε λίμνη, όταν χρησιμοποιείται με το άρθρο του αρσενικού γένους, επειδή τα χερσαία ύδατα, όπως οι ποταμοί, τα φράγματα και τα κανάλια, είναι αρσενικού γένους: *der See*. Το φαινόμενο αυτό το συναντάμε και στα Ελληνικά, όπου η λέξη θάλασσα μπορεί να αναφέρεται και σε μια λίμνη, όπως, για παράδειγμα, συμβαίνει στη «Νεκρά Θάλασσα». Σημειωτέον ότι η γερμανική γλώσσα διαθέτει περισσότερες λέξεις για τη θάλασσα, η κάθε μια από τις οποίες έχει διαφορετικό γένος: *die See* (η θάλασσα), *das Meer* (χρησιμοποιούνταν παλιότερα για να περιγράψει την ήρεμη θάλασσα ή μια υδάτινη μάζα: *das stehende Gewässer*) και *der Ozean* (ωκεανός: η μεγάλη θαλάσσια έκταση που χωρίζει τις ηπείρους της Γης). Η θάλασσα, είναι, συνεπώς, αρκετά ισχυρή, ώστε να παρακάμπτει τον 1ο Κανόνα: οι κατηγορίες παρόμοιων πραγμάτων έχουν συνήθως το ίδιο γένος.

Εξαιρέσεις ουδέτερου γένους (συνήθως γλωσσικά δάνεια, τα οποία είναι τις περισσότερες φορές ουδέτερου γένους):

- das Exposee/Exposé
- das Frisbee
- das Komitee
- das Kanapee/ Canapé
- das Püree

- das Klischee
- das Kommunikee/Kommuniqué
- das Negligee/Negligé
- das Renommee
- das Resümee
- das Soufflee/Soufflé

-ei/-erei: Αν το ουσιαστικό προκύπτει από κάποιο άλλο ουσιαστικό ή ρήμα με την προσθήκη της κατάληξης *-erei*, τότε είναι πάντοτε θηλυκού γένους.

- die Angeberei (ο κομπασμός)
- die Aufschneiderei (η καυχησιολογία)
- die Augenwischerei (η απάτη/η προσποίηση)
- die Bäckerei (το αρτοποιείο)
- die Bauernfängerei (η κομπίνα)
- die Beisserei (ο καυγάς με δαγκωματιές)
- die Bergsteigerei (η ορειβασία)
- die Betrügerei (η απάτη)
- die Bildhauerei (η γλυπτική)
- die Brandmalerei (η πυρογραφία)
- die Brauerei (το ζυθοποιείο)
- die Brennerei (το αποστακτήριο)
- die Bücherei (το βιβλιοπωλείο)
- die Druckerei (το τυπογραφείο)
- die Duzerei (η ενέργεια του να απευθύνεται κανείς σε κάποιον στον ενικό αριθμό, *Du*, αντί του πιο επίσημου πληθυντικού ευγενείας, *Sie*)
- die Effekthascherei (η επιδειξιομανία)
- die Faulenzerei (η τεμπελιά)
- die Feinbäckerei (το ζαχαροπλαστείο)
- die Fischerei (η αλιεία)
- die Fleischerei (το κρεοπωλείο)
- die Flickerei (το μπάλωμα)
- die Fliegerei (η αεροπλοΐα)
- die Flunkerei (τα ψέματα/τα παραμύθια)

- die Försterei (το μέρος όπου ζει ή εργάζεται ένας δασοφύλακας)
- die Freibeuterei (η πειρατεία)
- die Freimaurerei (η μασονία)
- die Gaunerei (η απάτη)
- die Geheimniskrämerei (η μυστικοπάθεια)
- die Geheimnistuerei (η μυστικότητα)
- die Geheimtuerei (η σκευωρία που γίνεται κατά κανόνα στα κρυφά)
- die Gerberei (το βυρσοδεψείο)
- die Giesserei (το χυτήριο)
- die Gleichmacherei (η ισοπέδωση)
- die Haarspalterei (η λεπτολογία/το ψείρισμα)
- die Hehlerei (η αποδοχή προϊόντων εγκλήματος)
- die Heimlichtuerei (η μυστικοπάθεια)
- die Hellseherei (η μαντεία)
- die Hexerei (η μαγεία)
- die Imkerei (η μελισσοκομία)
- die Jägerei (το κυνήγι)
- die Kaffeerösterei (το καφεκοπτείο)
- die Käserei (το τυροκομείο)
- die Kellerei (το οινοποιείο)
- die Ketzerei (η αίρεση)
- die Kinderei (το παιδιάρισμα)
- die Klempnerei (η εργασία ή το μαγαζί του υδραυλικού)
- die Kletterei (η αναρρίχηση)
- die Knallerei (ο συνεχής κρότος)
- die Küsserei (τα συνεχή φιλιά)
- die Landstreicherei (η αλητεία)
- die Lautmalerei (η ονοματοποιία)
- die Leichenfledderei (η νεκροσυλία)
- die Liebedienerei (η δουλοπρεπής κολακεία)
- die Liebhaberei (το χόμπυ, η αγάπη για κάτι)
- die Lügerei (τα συνεχή ψέματα)
- die Malerei (η ζωγραφική)
- die Massenschlägerei (ο μαζικός ξυλοδαρμός/η συμπλοκή)
- die Metzgerei (το κρεοπωλείο)

- die Meuterei (η εξέγερση/η ανταρσία)
- die Molkerei (το γαλακτοκομείο)
- die Rechthaberei (η ισχυρογνωμοσύνη)
- die Reederei (η εφοπλιστική εταιρεία)
- die Schlamperei (η τσαπατσουλιά)
- die Schlemmerei (η λαιμαργία)
- die Schönfärberei (η ωραιοποίηση/η προσποίηση ότι τα πράγματα είναι καλύτερα από ό,τι είναι πραγματικά)
- die Schreinerei (το ξυλουργείο)
- die Schufterei (η αγγαρεία)
- die Schurkerei (η αχρεία συμπεριφορά/η παλιανθρωπιά)
- die Schwarzmalerei (η κινδυνολογία/η υπερβολική απαισιοδοξία)
- die Schweinerei (η βρομοδουλειά/το αχούρι)
- die Seeräuberei (η πειρατεία των θαλασσών)
- die Sklaverei (η δουλεία)
- die Vereinsmeierei (η απόδοση υπερβολικής σημασίας στο να είναι κανείς μέλος σε έναν ή περισσότερους συλλόγους)
- die Vielweiberei (η πολυγαμία)
- die Völlerei (η αδηφαγία/η λαιμαργία)
- die Waffenmeisterei (το οπλοστάσιο/ο πολεμικός εξοπλισμός)
- die Wahrsagerei (η μαντεία)
- die Weberei (το υφαντουργείο)
- die Wichtigtuerei (η καυχησιολογία)
- die Wilddieberei (η λαθροθηρία)
- die Wortklauberei (η λεπτολογία/οι ασήμαντες αντιρρήσεις)
- die Zahlenspielerei (τα παιχνίδια με τους αριθμούς)
- die Zauberei (η μαγεία)
- die Zuhälterei (η μαστροπεία)
- die Zuträgerei (η παροχή πληροφοριών για κάποιον/το κουτσομπολιό)

Ουσιαστικά θηλυκού γένους που λήγουν σε *-ei*, αλλά όχι *-erei*: die Abtei, die Anwaltskanzlei, die Arznei, die Bastelei, die

Bettelei, die Bummelei, die Bundeskriminalpolizei, die Bundespartei, die Detektei, die Polizei, die Kanzlei, die Partei

Εξαιρέσεις ουσιαστικών ουδέτερου γένους που λήγουν σε *-ei*: das Ei, das Geschrei (αρχίζει από *Ge-*, γεγονός που το καθιστά συνήθως ουδέτερου γένους)

Εξαιρέσεις ουσιαστικών αρσενικού γένους που λήγουν σε *-ei*: der Papagei (τα πτηνά που είναι μεγαλύτερα σε μέγεθος είναι συνήθως αρσενικού γένους), der Schrei (μονοσύλλαβο ουσιαστικό που είναι συνώνυμο του *der Ruf, der Hilferuf*)

-enz: die Intelligenz, die Konsequenz, die Existenz, die Tendenz, die Frequenz

-falt: die Vielfalt, die Sorgfalt

-grafie/graphie: die Biografie, die Orthografie

-heit: die Dummheit, die Freiheit, die Gesundheit, die Sicherheit, die Wahrheit (αλλα: *das Fahrenheit*, επειδή οι μονάδες μέτρησης της θερμοκρασίας είναι συνήθως ουδέτερου γένους)[49]

-icht: (Δεδομένου ότι το ουσιαστικό *Sicht* είναι θηλυκού γένους, υπάρχουν αρκετά θηλυκά ουσιαστικά που παράγονται από αυτό. Παρατηρήστε πώς εμπίπτουν στην κατηγορία «σοφία και γνώση» η οποία είναι θηλυκού γένους)

- die Sicht (η ορατότητα/η άποψη/η προοπτική)
- die Absicht (η πρόθεση)
- die Ansicht (η άποψη/η γνώμη)
- die Aufsicht (η επίβλεψη)
- die Aussicht (η προοπτική/η θέα)
- die Einsicht (η εξέταση/η γνώση/η πρόσβαση)
- die Hinsicht (η άποψη/η πλευρά)
- die Nachsicht (η επιείκεια)

- die Übersicht (ο έλεγχος/η εποπτεία)
- die Umsicht (η σύνεση/η προσοχή/η περίσκεψη)
- die Vorsicht (η προσοχή)

Σε αυτή την κατηγορία ουσιαστικών θηλυκού γένους, συναντούμε, επίσης, τα *die Gicht* (η αρθρίτιδα), *die Nachricht, die Pflicht, die Schicht* (το στρώμα/η βάρδια/η τάξη)

Δεδομένου ότι τα ουσιαστικά που αρχίζουν από *Ge-* είναι συνήθως ουδέτερου γένους, έχουμε:

- das Gedicht
- das Gericht
- das Gesicht
- das Gewicht

Άλλα ουσιαστικά ουδέτερου γένους με αυτή την κατάληξη είναι το *das Licht* και τα πολλά παράγωγά του, συμπεριλαμβανομένου του *das Zwielicht* (το λυκόφως).

Στα αρσενικά ουσιαστικά που λήγουν σε *-icht* συγκαταλέγονται τα:

- der Bericht (η αναφορά) – η λέξη συνδέεται με το ουσιαστικό *der Unterricht* (το μάθημα/η διδασκαλία/η εκπαίδευση), το οποίο ήταν κυρίως έννοια αρσενικού γένους.
- der Bösewicht (ο κακός/το κάθαρμα)
- der Habicht (το τσιχλογέρακο)
- der Verzicht (η αποχή/η παραίτηση)
- der Wicht (ο ανθρωπάκος)

-ie: (Τα ουσιαστικά που λήγουν σε *-ie* είναι θηλυκού γένους σε ποσοστό 95 τοις εκατό)[50] die Biologie, die Demokratie, die Diplomatie, die Familie, die Magie, die Melodie, die Monotonie, die Philosophie, die Psychologie, die Studie

Εξαιρέσεις (ουσιαστικά αρσενικού γένους που λήγουν σε *-ie* αναφέρονται κατά κανόνα σε πρόσωπα): der Hippie, der Junkie

Εξαιρέσεις (ουσιαστικά ουδέτερου γένους που λήγουν σε *-ie* αναφέρονται κατά κανόνα σε άψυχα αντικείμενα ή λέξεις που αρχίζουν από *Ge-*): das Knie, das Genie, das Selfie

-ik: die Musik, die Politik, die Physik, die Klassik, die Gotik, die Romantik, die Kritik, die Logik, die Ethik, die Symbolik, die Mechanik (Εξαίρεση ουδέτερου γένους: *das Mosaik*, ίδια κατηγορία με το *das Bild*)

-in: die Doktrin (το δόγμα), καθώς και τα επαγγέλματα και οι ιδιότητες που έχουν την κατάληξη θηλυκού γένους *-in*, π.χ. die Ärztin, die Studentin

Εξαιρέσεις (ουσιαστικά αρσενικού γένους που λήγουν σε *-in*):

- der Cousin (ο ξάδελφος, ίδια κατηγορία με το *der Vetter*)
- der Delphin (τα θαλάσσια θηλαστικά που είναι μεγαλύτερα σε μέγεθος είναι συνήθως αρσενικού γένους)
- der Harlekin (ο αρλεκίνος)
- der Kamin (το τζάκι/η καμινάδα, ίδια κατηγορία με το *der Schornstein*)
- der Rosmarin (τα μπαχαρικά είναι συνήθως αρσενικού γένους)
- der Termin (προέρχεται από τη λατινική λέξη για το ορόσημο, *der Grenzstein*, και σημαίνει, επίσης, το χρονικό σημείο, *der Zeitpunkt*)
- der Urin (επειδή τα απόβλητα είναι συνήθως αρσενικού γένους. Η αρχική λέξη ήταν, επίσης, αρσενικού γένους: *der Harn*)

Εξαιρέσεις (ουσιαστικά ουδέτερου γένους που λήγουν σε *-in* – συνήθως χημικές ουσίες):

- das Adrenalin

- das Benzin
- das Cholesterin
- das Hämoglobin
- das Heroin
- das Insulin
- das Toxin

-itis/-tis: Ιατρικοί όροι, όπως die Appendizitis, die Arthritis, die Gastroenteritis, die Konjunktivitis, die Meningitis, die Parodontitis, die Sinusitis. Δύο ήπειροι με αυτή την κατάληξη είναι θηλυκού γένους: die Arktis, die Antarktis

-keit: die Möglichkeit, die Schnelligkeit, die Schwierigkeit, die Unzulänglichkeit (η ανεπάρκεια/η ακαταλληλότητα)

-logie: die Biologie, die Meteorologie

-t: Ουσιαστικά που λήγουν σε *-t* και προέρχονται από ρήματα

- die Ankunft (ankommen)
- die Arbeit (arbeiten)
- die Fahrt (fahren)
- die Geburt (gebären)
- die Haft (haften)
- die Schrift (schreiben)
- die Sicht (sehen)
- die Tat (tun)

Ορισμένα μονοσύλλαβα ουσιαστικά θηλυκού γένους που λήγουν σε *-t*:

- die Faust (η γροθιά – ίδια κατηγορία θηλυκού γένους με το *die Hand*)
- die Flut (ίδια κατηγορία θηλυκού γένους με τα *die Strömung, die Überschwemmung, die Ebbe, die Wassermasse*)

- die Frist (η προθεσμία – αρκετά ουσιαστικά που αναφέρονται στον χρόνο και τα όρια είναι θηλυκού γένους)
- die Front (ίδια κατηγορία θηλυκού γένους με τα *die Vorderseite, die Gefechtslinie*)
- die Haft (ίδια κατηγορία με τα *die Gefangenschaft, die Beschlagnahme, die Gefangennahme, die Fesselung*)
- die Haut (ίδια κατηγορία με τα *die Schale*, *die Umhüllung)*
- die Not (ίδια κατηγορία με τα *die Schwierigkeit, die Bedrängnis*)
- die Pest (προέρχεται από το ουσιαστικό *die Pestilenz*, ίδια κατηγορία με τα *die Epidemie, die Plage, die Seuche, die Qual*)
- die Welt (ίδια κατηγορία με τα *die Erde, die Erdkugel*)
- die Wut (ίδια κατηγορία με τα *die Raserei, die Erregung*)

Εξαιρέσεις (ουδέτερου γένους): das Blut (το αίμα), das Fett (τα ουσιαστικά που λήγουν σε *-ett* είναι συνήθως ουδέτερου γένους), das Nest (ίδια κατηγορία ουδέτερου γένους με τα *das Heim, das Bett*). Εξαιρέσεις (αρσενικού γένους): der Geist (εξού και όλα τα πρόσωπα της Αγίας Τριάδας είναι αρσενικού γένους: der Vater, der Sohn und der Heilige Geist), der Test, der Rest

-ft: Τα ουσιαστικά που λήγουν σε *-ft* είναι κατά πάσα πιθανότητα θηλυκού γένους στην πλειοψηφία των περιπτώσεων: die Haft, die Kraft, die Luft, die Vernunft. Καθώς οι λέξεις που αρχίζουν από *G-* είναι συνήθως ουδέτερου γένους, δεν μας προκαλεί ίσως και τόσο μεγάλη έκπληξη ότι μια εξαίρεση του κανόνα αυτού αποτελεί το ουσιαστικό *das Gift*

-cht: Τα ουσιαστικά που λήγουν σε *-cht* είναι θηλυκού γένους σε ποσοστό 64 τοις εκατό.[51]

- die Absicht (η πρόθεση)
- die Acht (οι αριθμοί είναι θηλυκού γένους)
- die Bucht (ο κόλπος)
- die Drogensucht (η τοξικομανία)

- die Eifersucht (η ζήλεια)
- die Eintracht (η ομόνοια)
- die Fettsucht (η παχυσαρκία)
- die Fracht (το φορτίο/τα μεταφορικά)
- die Gefallsucht (ο χαριεντισμός)
- die Gelbsucht (ο ίκτερος)
- die Gewinnsucht (η υπερβολική πλεονεξία)
- die Habsucht (η απληστία)
- die Ichsucht (ο εγωκεντρισμός)
- die Macht (η εξουσία/η δύναμη)
- die Magersucht (η ανορεξία)
- die Nacht (η νύχτα – παρόμοια κατηγορία θηλυκού γένους με τα *die Dunkelheit, die Finsternis, die Düsterkeit*)
- die Pflicht (η υποχρέωση/το καθήκον/το χρέος)
- die Pracht (η μεγαλοπρέπεια/η λαμπρότητα/η δόξα)
- die Sehnsucht (η λαχτάρα/η επιθυμία/η νοσταλγία)
- die Selbstsucht (η εγωπάθεια/ο εγωισμός)
- die Sicht (η ορατότητα/η άποψη/η προοπτική)
- die Spielsucht (η εξάρτηση από τα τυχερά παιχνίδια/ο παθολογικός τζόγος)
- die Streitsucht (η εριστικότητα)
- die Sucht (ο εθισμός)
- die Tobsucht (η μανία/η φρενίτιδα)
- die Trunksucht (ο αλκοολισμός)
- die Wassersucht (ιατρικός όρος: η υδρωπικία)

Τα ουσιαστικά που λήγουν σε *-cht* είναι αρσενικού γένους σε ποσοστό 22 τοις εκατό και αναφέρονται συνήθως σε πρόσωπα: der Wicht (ο ανθρωπάκος), der Bösewicht (ο κακός).

Τα ουσιαστικά που λήγουν σε *-cht* είναι ουδέτερου γένους σε ποσοστό 15 τοις εκατό, ιδίως στις περιπτώσεις όπου το ουσιαστικό αναφέρεται σε άψυχα αντικείμενα και/ή αρχίζει από *Ge-*: das Gesicht (το πρόσωπο).

-orm: die Form (από όπου προέρχονται τα εξής: die Anredeform, die Plattform, die Reform, die Staatsform, die Uniform), die Norm

-tät: die Aktivität, die Elektrizität, die Identität, die Integrität, die Kapazität, die Lokalität, die Majestät, die Marktvolatilität, die Nationalität, die Pietät, die Priorität, die Qualität, die Universität

-thek: die Bibliothek, die Diskothek

-tion, **-sion**, **-gion**, **-xion**, **-lion**, **-nion:** die Nation, die Mission, die Religion, die Reflexion, die Million, die Union, die Diskussion, die Koalition, die Situation, die Funktion

-schaft: Τα ουσιαστικά με κατάληξη *-schaft* αναφέρονται συνήθως είτε σε αφηρημένες έννοιες, όπως η *φιλία/Freundschaft*, είτε σε περιληπτικές έννοιες, οι οποίες δηλώνουν ένα σύνολο ανθρώπων με συγκεκριμένες ιδιότητες, όπως στην περίπτωση της *αδελφότητας/Bruderschaft*

- die Botschaft (η πρεσβεία/το μήνυμα)
- die Bruderschaft (η αδελφότητα)
- die Eigenschaft (η ιδιότητα/το χαρακτηριστικό γνώρισμα)
- die Freundschaft
- die Genossenschaft (ο συνεταιρισμός)
- die Gesellschaft
- die Hiobsbotschaft (τα άσχημα νέα/η κακή είδηση)
- die Herrschaft (η κυριαρχία/η εξουσία/η επικυριαρχία)
- die Mannschaft (η ομάδα/το πλήρωμα)
- die Seilschaft (η κλίκα παλιών συντρόφων)
- die Wirtschaft

-sis: die Basis, die Dosis, die Genesis, die Katharsis, die Skepsis

-ung: (Τα ουσιαστικά που λήγουν σε *-ung*, ιδίως αν αποτελούνται από παραπάνω από μία συλλαβές, είναι κατά πάσα πιθανότητα θηλυκού γένους)

- die Abteilung
- die Abwägung
- die Anlegerstimmung
- die Bedeutung
- die Bedingung
- die Beobachtung
- die Beratung
- die Bewegung
- die Beziehung
- die Bildung
- die Einführung
- die Endung
- die Erfahrung
- die Erfindung
- die Erklärung
- die Erzählung
- die Erziehung
- die Forschung
- die Handlung
- die Landung
- die Leistung
- die Leitung
- die Lösung
- die Neigung
- die Öffnung
- die Ordnung
- die Prüfung
- die Regierung
- die Rettung
- die Richtung
- die Sammlung
- die Sendung
- die Siedlung

- die Spannung
- die Stimmung
- die Übung
- die Veränderung
- die Verbindung
- die Verfolgung
- die Verletzung
- die Vorlesung
- die Währung
- die Warnung
- die Werbung
- die Wirkung
- die Wohnung
- die Zeichnung
- die Zeitung

Μονοσύλλαβες εξαιρέσεις από τον κανόνα όσων λήγουν σε *-ung*, επειδή η πλειοψηφία των μονοσύλλαβων ουσιαστικών είναι συνήθως αρσενικού γένους:

- der Dung (η κοπριά, ο κόπρος)
- der Schwung (και *der Aufschwung, der Umschwung*)
- der Sprung (και *der Absprung, der Ursprung*)

-ur: (αλλά όχι *-eur*[52]) Τα ουσιαστικά που λήγουν σε *-ur* ή *-ür* είναι θηλυκού γένους σε ποσοστό 93 τοις εκατό.[53]

- die Agentur
- die Armatur (υδραυλικές εγκαταστάσεις/όργανο μέτρησης)
- die Frisur
- die Glasur
- die Kultur
- die Literatur
- die Natur
- die Reparatur
- die Spur

- die Tastatur
- die Temperatur

Εξαιρέσεις (αρσενικού γένους σε ποσοστό πέντε τοις εκατό): der Merkur (ο Ερμής, ο οποίος ανήκει στην ίδια γενικότερη κατηγορία με τα *der Mars, der Saturn, der Jupiter* και *der Neptun*)

Εξαιρέσεις (ουδέτερου γένους σε ποσοστό περίπου δύο τοις εκατό): das Abitur (γλωσσικό δάνειο από τη λατινική λέξη *Abiturium*)

-ür: die Tür, die Willkür (αλλά: *das* Gespür, επειδή τα ουσιαστικά που αρχίζουν από *Ge-* είναι συνήθως ουδέτερου γένους)

Das: Οι κανόνες για το ουδέτερο γένος

1ος Κανόνας: Κατηγορίες

Οι κατηγορίες ανώτερων επιπέδων ταξινόμησης ή οι ομάδες άψυχων αντικειμένων είναι συνήθως ουδέτερου γένους: (βλ. σχήμα 1 της Εισαγωγής για τη σχηματική απεικόνιση του εν λόγω κανόνα)

- das All/das Universum: Το σύμπαν είναι ουδέτερου γένους – τα επιμέρους συστατικά του έχουν και τα τρία γένη
- das Alter/das Altertum/das Altsein
- das Besteck: der Löffel, die Gabel, das Messer
- das Ding
- das Erzeugnis: das Glaserzeugnis
- das Fleisch
- das Gerät
- das Gesicht: der Mund, die Nase, das Ohr
- das Geflügel (τα πουλερικά): der Hahn, die Henne, das Küken
- das Getränk: der Wein, der Saft
- das Gewürz: der Pfeffer, das Salz
- das Gut: das Massengut, das Kulturgut, das Landgut
- das Insekt
- das Instrument
- das Kleid: das Abendkleid, das Brautkleid
- das Mahl: das Essen
- das Mehl
- das Material
- das Obst
- das Pferd

- das Produkt: das Agrarprodukt, das Industrieprodukt
- das Rind: der Bulle, die Kuh, das Kälbchen
- das Schiff/das Boot
- das Tier
- das Wild (το θήραμα/το κυνήγι)
- das Wort
- das Zeug: das Werkzeug

Τα γράμματα του αλφάβητου: das A, das B, συμπεριλαμβανομένου του das Eszett (του γράμματος ß)

Οι γλώσσες είναι συνήθως ουδέτερου γένους: das Deutsch, das Englisch, das Latein

Ορισμένοι γραμματικοί όροι/μέρη του λόγου: das Adjektiv, das Attribut, das Futur (ο μέλλοντας), das Perfekt (ο παρακείμενος), das Präfix, das Präteritum (παρελθοντικός χρόνος), das Nomen, das Substantiv, das Suffix, das Verb, das Wort, das Komma

Εξαιρέσεις: οι πτώσεις των ουσιαστικών (επειδή εμπίπτουν στην ίδια κατηγορία αρσενικού γένους για την «πτώση»: *der Kasus, der Fall*), όπως, για παράδειγμα, *der Nominativ, der Akkusativ, der Dativ, der Infinitiv, der Superlativ*

Τα ουσιαστικά που προέρχονται από απαρέμφατα: das Essen, das Schreiben, das Laufen, das Schwimmen

Τα ουσιαστικά που προέρχονται από επίθετα: (χωρίς να αναφέρονται σε ένα συγκεκριμένο πρόσωπο ή πράγμα) das Gute, das Böse, das Schöne, das Ungeheure (το φοβερό, το τρομερό πράγμα), das Neue, das Gleiche, das Ganze

Χρώματα: das Blau, das Rot, das Gelb, das Hellgrün, das Dunkelbraun, das Lila/das Violett (Προσοχή: ορισμένα χρώματα έχουν την ίδια ονομασία με κάποιο άλλο αντικείμενο το οποίο έχει διαφορετικό γένος, όπως για παράδειγμα το χρώμα *das Türkis,* το τυρκουάζ ή το γαλαζοπράσινο, το οποίο πήρε το όνομά του από τον ημιπολύτιμο λίθο *der Türkis*).

Οι ονομασίες των ηπείρων, των χωρών, των περιοχών, των πόλεων και των κοιλάδων είναι ουδέτερου γένους στη συντριπτική πλειοψηφία των περιπτώσεων. Συνήθως, μπροστά από το όνομα μιας χώρας ή μιας πόλης *δεν* χρησιμοποιούμε το αναγνωριστικό άρθρο για το ουδέτερο γένος, το «das», ωστόσο αυτό μπορεί να χρειάζεται σε ορισμένες περιπτώσεις. Παράδειγμα: «*Das* heutige Italien hat Wirtschaftsprobleme». Οι χώρες που λήγουν σε *-ien, -land, -reich* ή *-stan* είναι πάντοτε ουδέτερου γένους. Παραδείγματα: Italien, Spanien, Deutschland, England, Österreich, Frankreich, Vereinigtes Königreich, Afghanistan, Pakistan

Σε αντίθεση με τις χώρες ουδέτερου γένους, οι χώρες αρσενικού και θηλυκού γένους πρέπει να συνοδεύονται πάντοτε από το οριστικό άρθρο.

Χώρες θηλυκού γένους: die Schweiz, die Slowakei, die Türkei, die Mongolei, die Ukraine

Χώρες αρσενικού γένους: der Irak, der Iran, der Jemen, der Senegal, der Sudan, der Südsudan, der Niger, der Vatikan

Για κάποιον λόγο που δεν μπορούμε να εξηγήσουμε, το νεοσύστατο κράτος του Κοσόβου είναι τόσο αρσενικού γένους όσο ουδέτερου γένους.[54]

Παρόλο που το ουσιαστικό για την «πόλη» (*die Stadt)* είναι θηλυκού γένους, η κατηγορία «ονόματα πόλεων» είναι ουδέτερου γένους. Όπως στο παράδειγμα των χωρών ουδέτερου γένους, που αναφέρθηκε παραπάνω, έτσι και εδώ το ουδέτερο γένος αποκαλύπτεται μόνο με τη βοήθεια ενός επιθέτου: «*das* geteilte Berlin». Αυτή η κατηγορία ουδέτερου γένους (1ος Κανόνας) είναι αρκετά ισχυρή, ώστε να παρακάμπτει το γένος που θα έπρεπε να είχε το ουσιαστικό με βάση την κατάληξή του (2ος Κανόνας). Για παράδειγμα, έχουμε το «*das* mittelalterliche Hamburg», παρόλο που η κατάληξη *-burg* είναι θηλυκού γένους: *die* Burg (εκ του *die Festung, die Stadt*).

Ο ίδιος κανόνας ισχύει περίπου και στην περίπτωση των ηπείρων. Το ουσιαστικό για την ήπειρο είναι αρσενικού γένους: *der Kontinent*, το οποίο είναι συνώνυμο του *der Erdteil* (μεγάλη περιοχή χερσαίας μάζας). Ωστόσο, όταν προσδιορίζουμε το όνομα της κάθε ηπείρου ξεχωριστά, αυτές έχουν το δικό τους γένος. Οι ήπειροι *Arktis* και *Antarktis* είναι θηλυκού γένους, ενώ οι *Afrika, Amerika, Asien, Europa* και *Ozeanien* είναι ουδέτερου γένους. Το ουδέτερο γένος των ηπείρων αποκαλύπτεται με τη βοήθεια ενός επιθέτου: «*das* ferne Asien» ή «*das* alte Europa». Μόνο στην περίπτωση που έχουμε μια ήπειρο θηλυκού γένους, πρέπει να χρησιμοποιούμε το οριστικό άρθρο: «Wir besuchen *die* Arktis».

Ο ίδιος κανόνας εφαρμόζεται και στην περίπτωση των νήσων. Ενώ το ουσιαστικό για το «νησί» είναι θηλυκού γένους (*die Insel*), τα ονόματα των νησιών, αντιθέτως, ιδίως αν συνιστούν επίσης και χώρες, είναι συνήθως ουδέτερου γένους: *das* schöne Mauritius, *das* kommunistische Kuba

Τα νεογνά των ανθρώπων και των ζώων:[55] das Baby, das Kind, das Kalb, das Kälbchen, das Ferkel, das Küken, das Lamm

Τα υποκοριστικά (*-chen, -lein*, καθώς και οι αντίστοιχες καταλήξεις στις διάφορες διαλέκτους *-le, -erl, -el, -li*): das Kaninchen, das Fräulein, das Aschenbrödel, Haus → das Häuschen, das Häuslein

Τεμάχια και μικρά μόρια: das Stück, das Teil, das Atom, das Molekül, das Elektron, das Neutron

Σχεδόν και τα 112 γνωστά στοιχεία του Περιοδικού Πίνακα: das Aluminium, das Kupfer, das Uran (έξι εξαιρέσεις: der Kohlenstoff, der Sauerstoff, der Stickstoff, der Wasserstoff, der Phosphor, der Schwefel)

Ονομασίες μετάλλων: das Blei, das Messing (ο ορείχαλκος), das Zinn (Εξαιρέσεις: die Bronze, der Stahl)

Ύλες: das Glas, das Holz

Το πυρ και το ύδωρ: das Feuer, das Wasser

Χόρτα: das Gras, das Haschisch, das Marihuana, das Heu, das Viehfutter, das Kraut (το βότανο/το λάχανο), das Unkraut (το αγριόχορτο)

Μονάδες μέτρησης στη Φυσική: das Ampere, das Ohm, das Watt, das Volt, das Newton

Μονάδες μέτρησης της θερμοκρασίας: das Celsius, das Fahrenheit, das Kelvin

Μονάδες μέτρησης βάρους: das Gewicht, das Pfund, das Kilogramm (εκτός και αν το ουσιαστικό έχει την κατάληξη θηλυκού γένους *-e*: *die Tonne*, *die Unze*)

Το μέγεθος ή ο βαθμός κάποιου πράγματος ή η μονάδα μέτρησης: das Mass (το μέτρο, η διάσταση, η έκταση, το μέγεθος, ο βαθμός), από όπου προέρχεται *das Ausmass* (οι διαστάσεις ή η έκταση ενός πράγματος)

Μουσικές κλίμακες: das Dur (οι Μείζονες/Ματζόρε), das Moll (οι Ελάσσονες/Μινόρε)

- Ορισμένες μουσικές παραστάσεις: das Konzert, das Orchester, das Theater, das Ballett (αλλά: *die* Oper, *die* Band)

- Ορισμένα μουσικά όργανα που δεν λήγουν σε *-e:* das Cello, das Cembalo, das Klavier, das Piano

Κλάσματα: das Drittel (⅓), das Viertel (¼), das Quartal (Εξαίρεση: die Hälfte), $^1/_{20}$ → das Zwanzigstel (Οι Ελβετοί έχουν άλλη άποψη και θεωρούν ότι όλα τα κλάσματα που λήγουν σε *-tel* είναι αρσενικού γένους)

Βιβλία/έγγραφα/γραπτά πρακτικά: das Wort, das Buch, das Papier, das Blatt, das Dokument, das Protokoll, das Kapitel

Αθλήματα και παιχνίδια:

- das Aerobic
- das Backgammon
- das Badminton
- das Bowling
- das Golf
- das Hockey
- das Jogging
- das Karate
- das Pilates
- das Poker
- das Schach (το σκάκι)
- das Schwimmen
- das Squash
- das Tennis
- das Turnen (η γυμναστική)
- das Yoga

Εξαιρέσεις: σύνθετες λέξεις με το ουσιαστικό *der Ball* (π.χ. *der Fussball*) ή *der Sport (*π.χ. *der Motorsport, der Wassersport)* ως δεύτερο συνθετικό

Φαρμακευτικές ουσίες: das Medikament/das Heilmittel/das Arzneimittel → das Aspirin (γενόσημο όνομα)

Απορρυπαντικά: das Waschmittel → das Ariel, das Omo, das Vim, das Persil

Ονόματα ξενοδοχείων, καφετεριών, κλαμπ, θεάτρων, κινηματογράφων: das Hilton, das Odeon

Οι ξένες λέξεις που εισάγονται στα Γερμανικά είναι κατά κανόνα ουδέτερου γένους, π.χ. *das Know-how*. Εξαιρέσεις από τον κανόνα παρατηρούνται συνήθως, όταν στα Γερμανικά υπάρχει ήδη ένα ουσιαστικό άλλου γένους για την ίδια λέξη. Για παράδειγμα, για το ουσιαστικό *die Holding*, την εταιρεία χαρτοφυλακίου ή συμμετοχών, υπάρχουν ήδη τα *die Firma/die Gesellschaft*

2ος Κανόνας: Φθόγγοι

-aar: das Haar, das Paar, αλλά: *die Saar*, ποταμός της Ευρώπης (1ος Κανόνας: κατηγορίες)

-är: das Militär, das Salär

-al:

- das Denkmal
- das Festival
- das Ideal
- das Kapital
- das Lokal
- das Oval
- das Pedal
- das Personal
- das Portal
- das Schicksal
- das Signal
- das Spital

- das Tal

Εξαιρέσεις: die Moral (παρόμοιο με τα *die Ethik, die Sittlichkeit*), der Karneval (παρόμοιο με το *der Fasching*), der Schal, der Kanal (παρόμοιο με τα *der Wasserlauf, der Wasserweg, der Sund*)

-at:

- das Aggregat (η μονάδα/το συγκρότημα)
- das Attentat
- das Dekanat (η κοσμητεία)
- das Derivat
- das Destillat
- das Diktat
- das Dirigat
- das Duplikat
- das Emirat
- das Exponat (το έκθεμα)
- das Fabrikat (η μάρκα/το μοντέλο/το προϊόν)
- das Filtrat
- das Format
- das Implantat (το μόσχευμα/το εμφύτευμα)
- das Inserat (η αγγελία/η καταχώρηση)
- das Internat (το οικοτροφείο)
- das Kalifat
- das Kondensat
- das Konglomerat
- das Konkordat
- das Konsulat
- das Korrelat
- das Laminat
- das Lektorat (το τμήμα της επιμέλειας των βιβλίων στον εκδοτικό οίκο)
- das Mandat
- das Nitrat
- das Opiat

- das Phosphat
- das Plagiat
- das Plakat
- das Postulat
- das Proletariat/das Lumpenproletariat
- das Quadrat
- das Protektorat
- das Referat
- das Rektorat
- das Syndikat
- das Unikat (το μοναδικό αντίτυπο)
- das Zertifikat
- das Zitat

Εξαιρέσεις αρσενικού γένους από την κατηγορία όσων λήγουν σε *-at* αποτελούν συνήθως ουσιαστικά που αναφέρονται σε πρόσωπα, επαγγέλματα ή ιδιότητες αρσενικού γένους. Αν το ουσιαστικό αναφέρεται αντιστοίχως σε πρόσωπο θηλυκού γένους, τότε προστίθεται κατά κανόνα η κατάληξη *-in*:

- der Advokat
- der Akrobat
- der Aristokrat
- der Bürokrat
- der Demokrat
- der Diplomat
- der Pirat
- der Renegat
- der Soldat

ή ουσιαστικά τα οποία αναφέρονται σε μηχανές, εξοπλισμό και εργαλεία:

- der Apparat
- der Automat
- der Thermostat (το οποίο, όμως, συναντάται και με το άρθρο *das*)

Επίσης, εδώ ανήκουν αρκετά παράγωγα του ουσιαστικού *der Rat* (το οποίο στην αρχική του σημασία αναφερόταν σε κάθε είδους παροχής ή τροφοδότησης, αλλά σήμερα σημαίνει συμβουλή και συμβούλιο), όπως για παράδειγμα *der Beirat* (η συμβουλευτική επιτροπή ή το συμβούλιο), *der Sicherheitsrat* (το Συμβούλιο Ασφαλείας), γεγονός το οποίο εξηγεί, επίσης, το αρσενικό γένος του ουσιαστικού *der Senat* (η γερουσία, η σύγκλητος). Άλλα ουσιαστικά αρσενικού γένους που ανήκουν σε αυτή την κατηγορία είναι τα *der Hausrat* (η οικοσκευή ή οι προμήθειες για το σπίτι), *der Vorrat* (οι προμήθειες, το απόθεμα) και *der Verrat* (το οποίο μοιάζει να είναι το αντίθετο της καλόπιστης παροχής: η προδοσία, η εξαπάτηση).

Οι εξαιρέσεις θηλυκού γένους περιλαμβάνουν ουσιαστικά που σχετίζονται με κατηγορίες θηλυκού γένους, π.χ. *die Kumquat* (οι καρποί δέντρων είναι συνήθως θηλυκού γένους), *die Tat* (ίδια κατηγορία με τα *die Aktion, die Handlung*), *die Zutat* (το συστατικό, καθώς το κυρίαρχο συνθετικό *Tat* είναι θηλυκού γένους), *die Heimat* (η πατρίδα) και *die Heirat* (ο γάμος, ένα άλλο είδος «παροχής» για το σπίτι. Επιπλέον, το εν λόγω ουσιαστικό ανήκει στην ίδια κατηγορία θηλυκού γένους με άλλες λέξεις για τον γάμο: *die Ehe, die Eheschliessung, die Hochzeit, die Trauung, die Verheiratung*).

-bot:

- das Angebot (η προσφορά)
- das Aufgebot (η κινητοποίηση/η επιστράτευση)
- das Ausgehverbot (η απαγόρευση κυκλοφορίας)
- das Gebot (η εντολή/η αρχή/η απαίτηση/η προσφορά σε πλειστηριασμό)
- das Überangebot (η υπερπροσφορά)

Εξαίρεση: Στην πληροφορική, το πρόγραμμα μποτ (bot) είναι αρσενικού γένους στα Γερμανικά, *der Bot*, καθώς το ουσιαστικό προέρχεται από τη λέξη *der Roboter*.

-eil: das Seil, das Urteil, das Gegenteil

Das Teil (*loses Stück/*το τεμάχιο ή το λυτό κομμάτι ενός πράγματος): das Puzzleteil, das Ersatzteil, das Einzelteil, das Oberteil, das Plastikteil, das Wrackteil

*Der Teil (Teil eines Ganzen/*το αναπόσπαστο τμήμα ή μέρος ενός συνόλου): der Erdteil, der Landesteil, der Stadtteil, der Elternteil (ο γονέας), der Bestandteil, der (vordere/hintere) Zugteil, der Mittelteil (π.χ. το μεσαίο τμήμα ενός βιβλίου)

-em: Τα ουσιαστικά που λήγουν σε *-em* και τονίζονται στη λήγουσα είναι συχνά γλωσσικά δάνεια (ελληνικής προέλευσης), γεγονός το οποίο καθιστά τα ουσιαστικά αυτά ουδέτερου γένους.

- das Diadem
- das Ekzem
- das Emblem
- das Extrem
- das Ödem
- das Phonem
- das Problem
- das System
- das Theorem

Επιπλέον, ουδέτερου γένους είναι και τα ακόλουθα ουσιαστικά τα οποία τονίζονται στην πρώτη συλλαβή: das Modem, das Requiem, das Totem, das Tandem (το ποδήλατο με δύο θέσεις)

Ωστόσο, τα παρακάτω ουσιαστικά που τονίζονται στην πρώτη συλλαβή είναι αρσενικού γένους: der Atem, der Harem, der Moslem

-ett: Τα ουσιαστικά που λήγουν σε *-ett* είναι ουδέτερου γένους σε ποσοστό 95 τοις εκατό.[56]

- das Bajonett
- das Bankett
- das Ballett
- das Billett
- das Brikett
- das Kabinett
- das Büffett
- das Bukett
- das Duett
- das Eszett (το γράμμα ß)
- das Etikett
- das Flageolett
- das Florett
- das Flötenquartett
- das Flussbett
- das Inlett
- das Jackett
- das Kabinett
- das Kabriolett
- das Klosett
- das Kornett
- das Körperfett
- das Korsett
- das Kotelett
- das Kriegskabinett
- das Lazarett
- das Menuett
- das Minarett
- das Oktett
- das Omelett
- das Parkett
- das Quartett
- das Rechenbrett
- das Reissbrett
- das Roulett
- das Schachbrett

- das Servierbrett
- das Sextett
- das Skelett
- das Sonett
- das Spinett
- das Sprungbrett
- das Stilett
- das Surfbrett
- das Tablett
- das Violett
- das Zeichenbrett

-euer: das Feuer, das Abenteuer, das Ungeheuer

-fon/-phon: das Telefon, das Mikrophon, das Megaphon, das Grammophon, das Saxofon/Saxophon, das Xylofon/Xylophon

Ge-: Τα ουσιαστικά που αρχίζουν από το άτονο πρόθημα *Ge-* και δεν αναφέρονται σε πρόσωπο είναι συχνά ουδέτερου γένους, π.χ. das Gehirn (ο εγκέφαλος). Επίσης, τα ουσιαστικά τα οποία σχηματίζονται από τα εξής *Ge-* + ρίζα του ρήματος + *-e* είναι πάντοτε ουδέτερου γένους: fragen → das Gefrage (οι συνεχείς ερωτήσεις), bauen → das Gebäude, malen → das Gemälde. Ομοίως, τα περισσότερα ουσιαστικά που σχηματίζονται με τον ίδιο τρόπο από τα συγγενικά τους ουσιαστικά είναι ουδέτερα, π.χ. Berge → das Gebirge

- das Gebäck
- das Gebäude
- das Gebell
- das Gebet
- das Gebiet
- das Gebirge
- das Gebiss (η στομίδα του αλόγου/η οδοντοστοιχία/η μασέλα)
- das Gedächtnis

- das Gedicht
- das Gefäss
- das Gefühl
- das Gehäuse
- das Geheimnis
- das Geheiss (*das Gebot*, η εντολή/η προσταγή)
- das Gehirn
- das Gejaule (τα ουρλιαχτά)
- das Gelaber (η φλυαρία/η πολυλογία)
- das Gelächter (τα γέλια)
- das Gelage (το φαγοπότι/το ξεφάντωμα/το λουκούλλειο γεύμα/η κραιπάλη)
- das Gelände
- das Gelenk (η άρθρωση/η κλείδωση)
- das Gemälde (το έργο ζωγραφικής)
- das Gemäuer (τα τείχη/τα ντουβάρια/τα ερείπια)
- das Gemenge
- das Gemetzel (η σφαγή/το μακελειό)
- das Gemüse
- das Gemüt (ο χαρακτήρας/η διάθεση)
- das Genick
- das Gepäck
- das Gerangel (ο διαπληκτισμός/η λογομαχία)
- das Gerät
- das Geräusch
- das Gerede
- das Gericht
- das Gerinnsel
- das Gerippe
- das Geröll
- das Gerücht
- das Gerümpel
- das Gerüst
- das Gesäss
- das Geschäft
- das Geschehen
- das Geschenk

- das Geschick
- das Geschirr
- das Geschlecht
- das Geschöpf
- das Geschoss
- das Geschrei
- das Geschütz
- das Geschwader
- das Geschwätz
- das Geschwür
- das Gesetz
- das Gesicht
- das Gesindel
- das Gespenst
- das Gespräch
- das Gespür
- das Gestein
- das Gestell
- das Gestirn
- das Gestrüpp
- das Gestüt
- das Gesuch
- das Getöse (το βουητό/ο θόρυβος/ο παφλασμός)
- das Getränk
- das Getreide
- das Getue
- das Gewächs
- das Gewand
- das Gewässer
- das Gewebe
- das Gewehr
- das Geweih
- das Gewerbe
- das Gewicht
- das Gewieher (τα τρανταχτά γέλια/το χλιμίντρισμα)
- das Gewinde (το σπείρωμα στις βίδες)
- das Gewirr

- das Gewissen
- das Gewitter
- das Gewölbe
- das Gewühl
- das Gewürz

Εξαιρέσεις:

Τα ουσιαστικά αρσενικού γένους που αρχίζουν από *Ge-* είναι συνήθως περισσότερο αφηρημένα σε σύγκριση με τα ουσιαστικά ουδέτερου γένους που αρχίζουν από *Ge-*:

- der Gebrauch
- der Gedanke
- der Genuss
- der Geruch
- der Gesang
- der Geschmack
- der Gestank
- der Gewinn

Τα ουσιαστικά θηλυκού γένους που αρχίζουν από *Ge-* είναι, επίσης, περισσότερο αφηρημένα σε σύγκριση με τα ουσιαστικά ουδέτερου γένους που αρχίζουν από *Ge-*:

- die Gebärde (η χειρονομία: οι κινήσεις είναι συνήθως θηλυκού γένους)
- die Gebühr (τα τέλη: οι πληρωμές ποσών και φόρων είναι θηλυκού γένους)
- die Geburt
- die Geduld
- die Gefahr
- die Gemeinde
- die Geschichte (η ιστορία: η εξιστόρηση γεγονότων και οι γλωσσικές πράξεις είναι θηλυκού γένους)
- die Gestalt (η μορφή/το σχήμα ή η φιγούρα)
- die Gewähr (η εγγύηση)

- die Gewalt (η εξουσία/η αρχή ή η βία)

-gramm:

- das Anagramm
- das Autogramm
- das Diagramm
- das Hologramm
- das Kilogramm
- das Milligramm
- das Mikrogramm
- das Monogramm
- das Programm
- das Parallelogramm
- das Seismogramm
- das Telegramm

-ial: das Material, das Potenzial

-iel:

- das Beispiel (το παράδειγμα)
- das Endspiel (ο τελικός αγώνας)
- das Glücksspiel (τα τυχερά παιχνίδια/ο τζόγος)
- das Lustspiel (η κωμωδία)
- das Spiel (το παιχνίδι/ο αγώνας)
- das Trauerspiel (η τραγωδία/το φιάσκο)
- das Ziel (ο στόχος)

-ier: Τα ουσιαστικά που λήγουν σε *-ier* είναι ουδέτερου γένους σε ποσοστό 60 τοις εκατό, αρσενικού γένους σε ποσοστό 30 τοις εκατό και θηλυκού γένους σε ποσοστό 10 τοις εκατό.[57]

Όταν ένα ουσιαστικό που λήγει σε *-ier* δεν αναφέρεται σε πρόσωπα, π.χ. der Australier, der Bankier, der Brigadier, ή σε συγκεκριμένα είδη του ζωικού βασιλείου, πχ. der Dinosaurier, der Stier, der Yorkshireterrier, αλλά σε άψυχα αντικείμενα ή κατηγορίες ανώτερου επιπέδου ταξινόμησης πραγμάτων, τότε η κατάληξη *-ier* υποδηλώνει συνήθως κάποιο ουσιαστικό ουδέτερου γένους:

- das Atelier (το στούντιο)
- das Bier
- das Elixier
- das Klavier
- das Metier (το επάγγελμα/η τέχνη)
- das Papier
- das Quartier
- das Tier
- das Turnier (το τουρνουά)
- das Visier (η κινητή προσωπίδα/το στόχαστρο)

Αν λάβουμε ως δεδομένο ότι το θηλυκό είναι συνήθως το προεπιλεγμένο γένος των αφηρημένων ουσιαστικών, τότε μπορούμε να εξηγήσουμε γιατί το ουσιαστικό *die Gier* (η λαιμαργία, η απληστία, η πλεονεξία) είναι θηλυκού γένους. Ένα άλλο ουσιαστικό θηλυκού γένους που λήγει σε *-ier* είναι το *die Feier* (η γιορτή, η τελετή, ο εορτασμός).

-ing: Τα ουσιαστικά που δανείζονται τα Γερμανικά από την αγγλική γλώσσα με κατάληξη *-ing* είναι συνήθως ουδέτερου γένους.

- das Babysitting
- das Bodybuilding
- das Bowling
- das Brainstorming
- das Branding
- das Camping
- das Controlling
- das Desktoppublishing
- das Dribbling
- das Doping
- das Dressing

- das Jogging
- das Lobbying
- das Marketing
- das Mobbing
- das Recycling
- das Stalking
- das Training

Εξαιρέσεις: Σε περίπτωση που υπάρχει ήδη στα Γερμανικά κάποιο παρόμοιο ουσιαστικό ή κάποια παρόμοια κατάληξη, τότε αυτά λαμβάνουν κατά κανόνα το γένος της υπάρχουσας γερμανικής λέξης.

Ουσιαστικά θηλυκού γένους που λήγουν σε *-ing*:

- die Holding (ίδια κατηγορία με τα *die Firma, die Gesellschaft*)

Ουσιαστικά αρσενικού γένους που λήγουν σε *-ing*:

- der Boxring (είναι αρσενικού γένους εξαιτίας της κατάληξης: *der Ring* – επιπλέον, υπάρχει συνώνυμη λέξη στα Γερμανικά: *der Kampfplatz*)

-ip: das Prinzip (η αρχή, και οι πολλές σύνθετες λέξεις που παράγονται από αυτή: das Autoritätsprinzip, das Einteilungsprinzip, das Fertigungsprinzip, das Grundprinzip, das Kausalprinzip, das Lebensprinzip, das Leistungsprinzip, das Leitungsprinzip, das Majoritätsprinzip, das Moralprinzip, das Nützlichkeitsprinzip, das Ordnungsprinzip, das Prioritätsprinzip, das Relativitätsprinzip, das Sparsamkeitsprinzip)

-iv:

- das Additiv
- das Adjektiv
- das Archiv

- das Leitmotiv
- das Motiv
- das Präservativ

(Εξαιρέσεις: οι *πτώσεις* των ουσιαστικών, επειδή ανήκουν στην κατηγορία *der Kasus, der Fall*: der Nominativ, der Akkusativ, der Dativ, der Infinitiv, der Superlativ)

-lein: (αυτή η κατάληξη υποκοριστικών ουσιαστικών εμφανίζεται συνήθως σε ιδιωματικές εκφράσεις ή σε πιο γλαφυρή γλώσσα) das Bächlein, das Büchlein, das Fräulein, das Gänslein, das Knäblein, das Krüglein, das Männlein, das Scherflein, das Stiftsfräulein, das Stündlein, das Vöglein, das Zicklein, das Zünglein

-ld: das Bild, das Geld, das Gold, das Umfeld, das Spielfeld, das Erdölfeld, das Mittelfeld, das Spannungsfeld, das Trümmerfeld, das Magnetfeld, das Schild (ίδια κατηγορία με το *das Plakat*), das Wild

Αρσενικού γένους: der Held, der Schild, der Sold, der Wald

Θηλυκού γένους: die Geduld, die Schuld

-ma: (ελληνικής προέλευσης)

- das Aroma
- das Charisma
- das Dilemma
- das Dogma
- das Drama
- das Klima
- das Koma (το κώμα)
- das Komma (το κόμμα)
- das Magma
- das Panorama
- das Paradigma

- das Plasma
- das Prisma
- das Schema
- das Sperma
- das Stigma
- das Thema
- das Trauma

Ουσιαστικά μη ελληνικής προέλευσης: das Karma, das Lama

Εξαιρέσεις: *die Firma* (ίδια κατηγορία με το *die Gesellschaft*), *der Puma* (τα τρομακτικά ζώα είναι συνήθως αρσενικού γένους)

-ment: Αρκετά ξένα ουσιαστικά αυτής της κατηγορίας και λέξεις που δανείστηκε η Γερμανική από άλλες γλώσσες είναι συνήθως ουδέτερου γένους.

- das Abonnement
- das Apartment
- das Argument
- das Departement
- das Dokument
- das Element
- das Equipment
- das Experiment
- das Fragment
- das Fundament
- das Instrument
- das Kompliment
- das Management
- das Medikament
- das Monument
- das Ornament
- das Parlament
- das Pergament
- das Pigment
- das Posament

- das Regiment
- das Reglement
- das Sakrament
- das Sediment
- das Segment
- das Sortiment
- das Statement
- das Temperament
- das Testament
- das Wealth Management

Εξαιρέσεις:

- der Konsument (ο καταναλωτής – αναφέρεται σε πρόσωπο, σε αντίθεση με τα ουσιαστικά ουδέτερου γένους που προαναφέρθηκαν)
- der Zement (ίδια κατηγορία με τα *der Sand, der Stein, der Beton, der Kiesel, der Kitt, der Klebstoff*)

-nis: Τα ουσιαστικά με κατάληξη *-nis* είναι είτε ουδέτερου είτε θηλυκού γένους.

Τα ουσιαστικά θηλυκού γένους που λήγουν σε *-nis* αναφέρονται συνήθως σε διαθέσεις, συνθήκες ή πιο αφηρημένες έννοιες:

- die Bedrängnis (η στεναχώρια – παρόμοια κατηγορία με τα *die Angst, die Sorge*, καθώς και άλλες καταστάσεις που απειλούν την ύπαρξη, όπως *die Armut*)
- die Befugnis (η εξουσιοδότηση)
- die Bewandtnis (το μοναδικό γνώρισμα/η ιδιότητα/οι συνθήκες/η κατάσταση/η ποιότητα/το χαρακτηριστικό)
- die Bitternis (η πικρία/η πίκρα)
- die Empfängnis (η σύλληψη)
- die Erlaubnis (η άδεια – σε αυτή την κατηγορία συναντούμε, επίσης, τους κανόνες και τα όρια: die Regelung, die Frist, die Limitierung, die Grenze, die Begrenzung, die Beschränkung)

- die Ersparnis (οι αποταμιεύσεις ή η ενέργεια της αποταμίευσης)
- die Fäulnis (η σήψη/η σαπίλα)
- die Finsternis (το σκοτάδι/η έκλειψη – παρόμοια κατηγορία με τα *die Dunkelheit, die Nacht*)
- die Kenntnis (η γνώση/η αντίληψη – η σοφία είναι κατηγορία θηλυκού γένους)
- die Wildnis (το κυνήγι είναι θηλυκού γένους, χάρη στις γυναικείες θεότητες των αρχαίων Ελλήνων και των Ρωμαίων που ήταν προστάτιδες του κυνηγιού)

Τα ουσιαστικά ουδέτερου γένους που λήγουν σε *-nis* αναφέρονται συνήθως σε πιο συγκεκριμένα πράγματα (γεγονότα/αποτελέσματα/φυσικά πράγματα):

- das Ärgernis (ο μπελάς)
- das Bedürfnis (η ανάγκη/η αναγκαιότητα)
- das Begräbnis (η κηδεία/η ταφή)
- das Bekenntnis (η ομολογία/το θρήσκευμα/η πίστη)
- das Besäufnis (το μεθοκόπημα)
- das Bildnis (η εικόνα/η προσωπογραφία/το ομοίωμα)
- das Bündnis (η συμμαχία/ο συνασπισμός)
- das Eingeständnis (η ομολογία)
- das Ereignis (το γεγονός/το συμβάν/το περιστατικό)
- das Ergebnis (το αποτέλεσμα – επίσης, για τις επιχειρήσεις: το αποτέλεσμα της εκμετάλλευσης)
- das Erlebnis (το βίωμα/η εμπειρία – επίσης, και υπό μία πιο ευρηματική έννοια: das Aha-Erlebnis)
- das Erzeugnis (το προϊόν)
- das Gedächtnis (η μνήμη/το μνημονικό – ο εγκέφαλος είναι, επίσης, ουδέτερου γένους: das Gehirn)
- das Gefängnis (η φυλακή)
- das Geheimnis (παρόμοια κατηγορία με τα *das Rätsel, das Mysterium, das Phänomen, das Wunder*)
- das Geständnis (η ομολογία/η παραδοχή: παρόμοια κατηγορία με το *das Bekenntnis*, βλ. παραπάνω)

- das Hemmnis (συνήθως ένα υφέρπον εμπόδιο/κώλυμα/πρόσκομμα/φραγμός)
- das Hindernis (συνήθως ένα υλικό εμπόδιο/κώλυμα/πρόσκομμα/φραγμός)
- das Tennis (τα αθλήματα είναι συνήθως ουδέτερου γένους)
- das Verhältnis (π.χ. *das Risiko-Rendite-Verhältnis*)
- das Verhängnis (η συμφορά/η μοίρα/το πεπρωμένο)
- das Verständnis (η κατανόηση)
- das Missverständnis (η παρανόηση/η παρεξήγηση)
- das Unverständnis (η έλλειψη κατανόησης)
- das Verzeichnis (ο κατάλογος)
- das Wagnis (το τόλμημα/η ριψοκίνδυνη πράξη)
- das Zerwürfnis (η ρήξη/η διένεξη/η διαφωνία)
- das Zeugnis (η μαρτυρία/η απόδειξη/το πιστοποιητικό)

-ol: Σε αυτή την κατηγορία βρίσκουμε συνήθως αρκετές χημικές ουσίες οι οποίες είναι κατά κανόνα ουδέτερου γένους, καθώς και τις κοινές λέξεις *das Idol* και *das Symbol*.

- das Aerosol
- das Äthanol/Ethanol
- das Benzol
- das Cobol
- das Glykol
- das Idol
- das Menthol
- das Mol
- das Monopol
- das Phenol
- das Polystyrol
- das Sol (χημικό στοιχείο – η ρωμαϊκή θεότητα για τον Ήλιο είναι αρσενικού γένους)
- das Stanniol
- das Südtirol (οι χώρες και οι περιοχές είναι συνήθως ουδέτερου γένους)
- das Symbol

- das Thymol
- das Tirol (οι χώρες και οι περιοχές είναι συνήθως ουδέτερου γένους)
- das Toluol

Εξαιρέσεις:

- der Alkohol (ενώ τα χημικά στοιχεία είναι συνήθως ουδέτερου γένους, το αλκοόλ και τα αλκοολούχα ποτά είναι συνήθως αρσενικού γένους)
- der Pirol (ο συκοφάγος, είδος πτηνού – τα πτηνά είναι συνήθως αρσενικού γένους)
- der Pol, der Nordpol, der Südpol, der Gegenpol (τα σημεία του ορίζοντα αρσενικού γένους)

-om/-ym:

- das Akronym
- das Atom
- das Axiom
- das Binom
- das Chromosom
- das Diplom
- das Enzym
- das Genom
- das Kondom
- das Metronom
- das Monom
- das Phantom
- das Polynom
- das Pseudonym
- das Symptom
- das Syndrom

-skop:

- das Horoskop

- das Kaleidoskop
- das Mikroskop
- das Periskop
- das Stethoskop
- das Teleskop

-tum:

- das Altertum
- das Analphabetentum
- das Arboretum
- das Ausstellungsdatum
- das Bauerntum
- das Besitztum
- das Bevölkerungswachstum
- das Bistum
- das Brauchtum
- das Bürgertum
- das Christentum
- das Datum
- das Diktum
- das Eigentum
- das Erratum
- das Erzbistum
- das Erzherzogtum
- das Faktum
- das Fürstentum
- das Geldmengenwachstum
- das Gemeindeeigentum
- das Gewinnwachstum
- das Grossherzogtum
- das Grundeigentum
- das Haltbarkeitsdatum
- das Heidentum
- das Heiligtum
- das Heldentum
- das Herstelldatum

- das Importwachstum
- das Jahreswachstum
- das Judentum
- das Kaisertum
- das Kleinbürgertum
- das Kompositum (η σύνθετη λέξη)
- das Künstlertum
- das Laientum
- das Lieferdatum
- das Mehrheitsvotum
- das Misstrauensvotum
- das Miteigentum
- das Mitläufertum
- das Mönchstum
- das Nullwachstum
- das Papsttum
- das Präteritum (παρελθοντικός χρόνος)
- das Privateigentum
- das Quantum
- das Rektum
- das Scheichtum
- das Skrotum
- das Stadtbürgertum
- das Strebertum (η συμπεριφορά του σπασίκλα)
- das Tagesdatum
- das Ultimatum
- das Unternehmertum
- das Verbrechertum
- das Verfalldatum
- das Vertrauensvotum
- das Volkstum
- das Votum
- das Wachstum
- das Wirtschaftswachstum
- das Zellwachstum
- das Zwittertum

Εξαιρέσεις:

- der Irrtum (ίδια κατηγορία με το *der Fehler*)
- der Reichtum

-um: (ιδίως αν το ουσιαστικό προέρχεται από τα Λατινικά)

- das Album
- das Aquarium
- das Auditorium
- das Bakterium
- das Evangelium
- das Forum
- das Gymnasium
- das Impressum
- das Individuum
- das Jubiläum
- das Kriterium
- das Maximum
- das Minimum
- das Ministerium
- das Museum
- das Opium
- das Optimum
- das Pensum (το πρόγραμμα/το πλάνο εργασίας)
- das Podium
- das Publikum
- das Serum
- das Stadium
- das Studium
- das Vakuum
- das Visum
- das Zentrum

Εξαίρεση: der Konsum (ίδια κατηγορία με το *der Verbrauch*)

-werk: Ουσιαστικά με δεύτερο συνθετικό τη λέξη *das Werk*

- das Atomkraftwerk
- das Bauwerk
- das Bollwerk
- das Braunkohlekraftwerk
- das Breitbandnetzwerk
- das Computernetzwerk
- das Dampfkraftwerk
- das Datennetzwerk
- das Diskettenlaufwerk
- das Erdwärmekraftwerk
- das Feuerwerk
- das Gaskraftwerk
- das Gaswerk
- das Gedankenwerk
- das Gemeinschaftswerk
- das Gewerk (η τέχνη ή η βιοτεχνία)
- das Glaswerk
- das Handwerk
- das Hauptwerk
- das Hilfswerk
- das Kraftwerk
- das Kunstwerk
- das Laufwerk
- das Meisterwerk
- das Metallwerk
- das Nachschlagewerk
- das Netzwerk
- das Orchesterwerk
- das Sammelwerk
- das Stahlwerk
- das Standardwerk
- das Stockwerk
- das Strahltriebwerk
- das Wasserwerk

- das Windkraftwerk
- das Wunderwerk

-yl:

- das Acryl
- das Asyl (το άσυλο, λέξη ελληνικής προέλευσης – τα γλωσσικά δάνεια είναι συνήθως ουδέτερου γένους)
- das Vinyl

-zept:

- das Konzept
- das Rezept

-zeug:

- das Zeug
- das Fahrzeug
- das Flugzeug
- das Kampfflugzeug
- das Militärflugzeug
- das Passagierflugzeug
- das Schreibzeug
- das Silberzeug
- das Spielzeug
- das Werkzeug

Ποιο από τα δύο;

Στις περιπτώσεις στις οποίες τα ουσιαστικά σχετίζονται συνήθως μόνο με δύο από τα τρία γένη, τότε έχετε περισσότερες πιθανότητες να μαντέψετε το γένος τους σωστά.

Αρσενικό ή ουδέτερο

Τα ουσιαστικά τα οποία λήγουν σε διπλό σύμφωνο, όπως τα *-ck, -tz* ή *-ss,* είναι συνήθως αρσενικού ή ουδέτερου γένους, εκτός και αν έχουν την κατάληξη *-ness* (π.χ. die Fitness, die Wellness).

Ένας τρόπος διάκρισης των λέξεων αρσενικού και ουδέτερου γένους που εμπίπτουν στην εν λόγω κατηγορία είναι ο κανόνας ότι τα ουσιαστικά που αρχίζουν από *G-* ή *Ge-* είναι συνήθως ουδέτερου γένους.

-ck:

Αρσενικού γένους: der Blick, der Dreck, der Druck, der Fleck, der Geck, der Klick, der Knick (η στροφή/η καμπή/η τσάκιση), der Lack (το βερνίκι), der Rock, der Schluck, der Speck, der Trick, der Zweck

Ουδέτερου γένους: das Dreieck (το τρίγωνο), das Gebäck (οι λέξεις που αρχίζουν από *Ge-* είναι συνήθως ουδέτερου γένους), das Genick (ο αυχένας), das Gepäck, das Glück, das Stück, das Comeback, das Feedback (τα γλωσσικά δάνεια είναι συνήθως ουδέτερου γένους)

-eer: das Heer (ο στρατός ξηράς), das Meer (η θάλασσα), der Lorbeer (η δάφνη/το δαφνόφυλλο), der Teer (η πίσσα), der Speer (το ακόντιο), der Eritreer (ο Ερυθραίος)

-isch:

Τα ουσιαστικά αρσενικού γένους που λήγουν σε *-isch:* der Fisch, der Tisch, der Fetisch

Τα ουσιαστικά ουδέτερου γένους που λήγουν σε *-isch* , συμπεριλαμβανομένων των γλωσσών – επιπλέον, οι γλώσσες ως κατηγορία είναι συνήθως ουδέτερου γένους: *das Arabisch, das Englisch, das Spanisch*

-kt:

Αρσενικού γένους: der Affekt (ο ψυχικός αναβρασμός), der Akt, der Architekt, der Aspekt, der Defekt, der Dialekt, der Effekt, der Infarkt, der Infekt, der Instinkt, der Intellekt, der Katarakt, der Konflikt, der Kontakt, der Kontrakt, der Markt, der Pakt, der Prospekt, der Punkt, der Respekt, der Sekt, der Takt, der Trakt

Ουδέτερου γένους: das Artefakt, das Delikt, das Edikt, das Konfekt, das Insekt, das Konstrukt, das Objekt, das Perfekt (ο παρακείμενος – οι γραμματικοί όροι είναι συνήθως ουδέτερου γένους), das Projekt, das Produkt, das Relikt, das Subjekt, das Verdikt (ίδια κατηγορία με το *das Urteil*)

Εξαίρεση (θηλυκού γένους): *die* Katarakt (η πάθηση των ματιών, δεν πρέπει να συγχέεται με τον υδάτινο καταρράκτη *der* Katarakt)

-o: Ουσιαστικά που λήγουν σε *-o* είναι συνήθως ουδέτερου ή αρσενικού γένους.

Παραδείγματα (ουδέτερου γένους):

ελληνικής προέλευσης (τα γλωσσικά δάνεια είναι συνήθως ουδέτερου γένους):

das Auto, das Kino, das Kilo, das Deo, das Trio, das Ego, das Foto,[58] das Echo, das Logo, das Mikro, das Makro

λατινικής προέλευσης: das Video, das Credo/Kredo, das Neutrino, das Memo

γαλλικής προέλευσης: das Abo (εκ του *das Abonnement*), das Bistro, das Büro, das Cabrio, das Karo, das Portfolio, das Rokoko, das Rollo

ιταλικής προέλευσης: das Solo, das Duo, das Manko, das Tempo, das Motto, das Fresko, das Studio, das Ghetto, das Piano, das Kasino, das Konto, das Veto, das Lotto, das Porto, das Intermezzo, das Inferno, das Libretto, das Risiko, das Rondo, das Fiasko, das Inkasso, das Kommando, das Szenario, das Intro (το εισαγωγικό μουσικό κομμάτι)

αγγλικής προέλευσης: das Banjo, das Ufo, das Shampoo, das Bingo, das Placebo

ισπανικής προέλευσης: das Embargo, das Lasso, das Eldorado

μία γλώσσα που λήγει *-o* (οι γλώσσες είναι συνήθως ουδέτερου γένους): das Esperanto

μουσικά όργανα που λήγουν σε *-o*: das Cello, das Cembalo, das Piano

Αθλήματα που λήγουν σε *-o* και είναι ουδέτερου γένους: das Judo, das Polo, das Rodeo

Χώρες ουδέτερου γένους που λήγουν σε *-o*: (das alte) Montenegro, (das alte) Marokko, (das alte) Monaco, (das alte) Mexiko

Εξαιρέσεις (ουσιαστικά αρσενικού γένους που λήγουν σε *-o*):

- der Bolero (οι χοροί είναι συνήθως αρσενικού γένους)
- der Cappuccino (τα ροφήματα είναι συνήθως αρσενικού γένους)
- der Dingo (ίδια κατηγορία με το *der Hund*)
- der Dynamo (τα περισσότερα είδη μηχανημάτων είναι αρσενικού γένους)
- der Embryo (ίδια κατηγορία με τα *der Fetus, der Keim*)
- der Eskimo
- der Espresso (τα ροφήματα είναι συνήθως αρσενικού γένους)
- der Euro (πολλά νομίσματα είναι αρσενικού γένους)
- der Fango (ειδική λάσπη που χρησιμοποιείται για θεραπευτικούς σκοπούς – η κατηγορία «έδαφος» είναι αρσενικού γένους)
- der Flamenco (οι χοροί είναι συνήθως αρσενικού γένους)
- der Flamingo (τα πτηνά μεγαλύτερου μεγέθους είναι συνήθως αρσενικού γένους)
- der Gigolo
- der Gusto (ίδια κατηγορία με το *der Geschmack*)
- der Kakao (τα ροφήματα είναι συνήθως αρσενικού γένους)
- der Macho
- der Mungo (το θηλαστικό μαγκούστα)
- der Oregano (τα μπαχαρικά είναι συνήθως αρσενικού γένους)
- der Pluto (η κατηγορία «ουράνια σώματα» είναι συνήθως αρσενικού γένους)
- der Porno (επειδή είναι σύντμηση του *der Pornofilm*)
- der Saldo (ίδια κατηγορία με τα *der Betrag, der Kontostand*)
- der Salto (ίδια κατηγορία με το *der Überschlag*)
- der Schirokko (κατηγορία ανέμου)
- der Sombrero (ίδια κατηγορία με το *der Hut*)

- der Tacho (το ταχόμετρο, το κοντέρ: τα περισσότερα είδη μηχανημάτων και εργαλείων είναι αρσενικού γένους)
- der Tango (οι χοροί είναι συνήθως αρσενικού γένους)
- der Torero (ο ταυρομάχος)
- der Tornado (οι κατηγορίες του ανέμου είναι συνήθως αρσενικού γένους)
- der Torpedo (τα περισσότερα είδη μηχανημάτων είναι αρσενικού γένους)
- der Torso (ίδια κατηγορία με το *der Oberkörper*)
- der Trafo (ο μετασχηματιστής: τα περισσότερα είδη μηχανημάτων είναι αρσενικού γένους)
- der Zoo (ίδια κατηγορία με το *der Tiergarten*)

Εξαιρέσεις (θηλυκού γένους): die Demo, die Disko, die Limo, die Info (επειδή είναι συντμήσεις, αντίστοιχα, των *die Demonstration, die Diskothek, die Limousine, die Information*), die Uno/UNO, die NATO, die NGO (επειδή το *O* είναι το αρχικό γράμμα του ουσιαστικού *die Organisation*), die Avocado, die Mango (οι καρποί δέντρων είναι συνήθως θηλυκού γένους), die Libido

-os: Η κατάληξη -ος είναι χαρακτηριστική πολλών ουσιαστικών και ονομάτων αρσενικού γένους της ελληνικής γλώσσας, π.χ. ο θεός του κρασιού Διόνυσος. Επίσης, η κατάληξη -ος απαντάται και σε ορισμένα ουδέτερα ουσιαστικά της ελληνικής γλώσσας. Εισερχόμενα στη Γερμανική, τα ουσιαστικά αυτά διατηρούν κατά κανόνα το γένος που έχουν και στα Ελληνικά, π.χ. *der Kosmos, der Mythos, das Chaos, das Pathos.* Σε καμία περίπτωση, πάντως, η κατάληξη *-os* δεν είναι χαρακτηριστική κατάληξη ουσιαστικών θηλυκού γένους.

-tz: der Blitz, der Schlitz, der Sitz, der Witz, der Platz, der Satz

Θηλυκό ή αρσενικό

-mut: Τα ουσιαστικά που λήγουν σε *-mut* απαντώνται και στα τρία γένη, ωστόσο τα πιο αφηρημένα είναι κατά κύριο λόγο θηλυκού ή αρσενικού γένους. Τα αφηρημένα ουσιαστικά αρσενικού γένους αναπαριστούν συνήθως περισσότερο επιθετικά χαρακτηριστικά, ενώ τα αντίστοιχα ουσιαστικά θηλυκού γένους υπονοούν συνήθως έναν σχετικό βαθμό υποτακτικότητας.[59]

- die Armut (η φτώχεια)
- die Demut (η ταπεινοφροσύνη)
- die Langmut (η μακροθυμία)
- die Sanftmut (η πραότητα)
- die Schwermut (η μελαγχολία)
- die Wehmut (η θλίψη)

αλλά:

- der Mut (το θάρρος)
- der Freimut (η ειλικρίνεια)
- der Hochmut (η υπεροψία)
- der Missmut (η δυσθυμία)
- der Übermut (το θράσος)
- der Unmut (η δυσφορία)
- der Wagemut (η τόλμη)

Τα ουσιαστικά που περιγράφουν τον φυσικό κόσμο είναι συνήθως ουδέτερου γένους, εξού *das Bismut* (χημικό στοιχείο).

Διπλά σύμφωνα

Τα ουσιαστικά που λήγουν σε διπλό σύμφωνο μπορεί να είναι αρσενικού, ουδέτερου ή θηλυκού γένους. Για να ξεκλειδώσετε το γένος τους, βοηθάει συχνά ένας συνδυασμός του 1^{ου} με τον 2^{ο} Κανόνα. Έτσι, τα μικρά, μονοσύλλαβα ουσιαστικά είναι συνήθως αρσενικού γένους, εκτός αν πρόκειται για κάποιο ουσιαστικό με χαρακτηριστική κατάληξη άλλου γένους ή αν πρόκειται για κάποια κατηγορία ουσιαστικών τα οποία έχουν συνήθως άλλο γένος.

Αρσενικού γένους: der Ball, der Drall, der Drill, der Fall, der Hall, der Müll, der Zoll, der Griff, der Stoff, der Damm, der Schlamm, der Sinn, der Tipp, der Biss, der Griess, der Gruss, der Fluss, der Frass (η αηδία για φαγητό), der Fuss, der Kloss, der Kuss, der Pass, der Russ, der Spass, der Schweiss, der Spiess, der Strauss, der Schluss, der Schuss, der Stoss, der Schoss, der Fleiss, der Ritt, der Tritt

Ουδέτερου γένους: das Ass (ο άσσος), das Fass (το βαρέλι), das Kinn (το πιγούνι), das Fell (το τρίχωμα), das Schiff (ίδια κατηγορία με το *das Boot*), das Kaff, das Bett, das Brett, das Fett (τα ουσιαστικά που λήγουν σε *-ett* είναι συνήθως ουδέτερου γένους σε ποσοστό 95 τοις εκατό), das Lamm (τα υποκοριστικά είναι συνήθως ουδέτερου γένους), das Schloss, das Mass, das Floss, das Gefäss, das Gesäss, das Geschoss (οι λέξεις που αρχίζουν από *Ge-* είναι συνήθως ουδέτερου γένους), das Edelweiss (η κατάληξη είναι χρώμα και τα χρώματα είναι συνήθως ουδέτερου γένους)

Θηλυκού γένους: die Nuss (τα φρούτα και οι καρποί είναι συνήθως θηλυκού γένους), die Null (οι αριθμοί είναι θηλυκού γένους), die Nachtigall (τα πτηνά μικρότερου μεγέθους είναι συνήθως θηλυκού γένους), die Geiss (η κατσίκα)

Ουσιαστικά με περισσότερα από ένα γένη

Ένα ελάχιστο ποσοστό ουσιαστικών στα Γερμανικά μπορεί να έχει περισσότερα από ένα γένη. Το φαινόμενο αυτό οφείλεται συνήθως στις γλωσσικές ιδιαιτερότητες/προτιμήσεις της κάθε περιοχής. Για παράδειγμα, στη βόρεια Γερμανία το ουσιαστικό για το ηλεκτρονικό ταχυδρομείο *E-mail* είναι θηλυκού γένους, καθώς ανήκει στην ίδια κατηγορία με το *die Post*. Στη νότια Γερμανία, την Αυστρία και την Ελβετία, αντιθέτως, ακολουθούν τον κανόνα που θέλει τις ξένες λέξεις να είναι ουδέτερου γένους και έτσι λένε αντιστοίχως *das E-mail*.

Ένα άλλο παράδειγμα είναι το ουσιαστικό *App*. Σύμφωνα με ορισμένους η λογισμική εφαρμογή είναι θηλυκού γένους, καθώς αποτελεί σύντμηση του ουσιαστικού *die Applikation*. Άλλοι θεωρούν ότι είναι ουδέτερου γένους, γιατί εντάσσεται στην ίδια κατηγορία με το ουσιαστικό *das Programm*. Έτσι, συναντούμε και τις δύο μορφές: *die* App και *das* App.

Δεδομένου ότι η γλώσσα εξελίσσεται συνεχώς, οι μεταβολές του γένους είναι αναπόφευκτες στο πέρασμα του χρόνου. Για παράδειγμα, στις εκδόσεις του λεξικού *Duden Fremdwörterbuch* που πραγματοποιήθηκαν μεταξύ των ετών 1960 και 1997, καταγράφονται 199 αλλαγές ως προς το γένος των ουσιαστικών.[60]

Ο πιο συχνός συνδυασμός είναι αυτός του αρσενικού με το ουδέτερο γένος. Το ουδέτερο γένος προτιμάται συχνά, όταν πρόκειται για κάποιο ουσιαστικό που δανείζεται η Γερμανική από κάποια άλλη γλώσσα:

- der/das Aquädukt (λέξη λατινικής προέλευσης – τα γλωσσικά δάνεια είναι συνήθως ουδέτερου γένους)

- der/das Barock (αναφέρεται στην τέχνη, τη μουσική ή την εποχή του μπαρόκ/λέξη γαλλικής προέλευσης – τα γλωσσικά δάνεια είναι συνήθως ουδέτερου γένους)
- der/das Biotop (λέξη ελληνικής προέλευσης – τα γλωσσικά δάνεια είναι συνήθως ουδέτερου γένου)
- der/das Bonbon (λέξη γαλλικής προέλευσης)
- der/das Dotter (ο κρόκος του αυγού/συνώνυμη λέξη του ουσιαστικού *das Eigelb*, γεγονός που υποδηλώνει ότι η εν λόγω κατηγορία είναι μάλλον ουδέτερου γένους)
- der/das Drittel (οι Γερμανοί λένε *das*, οι Ελβετοί *der*)
- der/das Dschungel (ανήκει στην ίδια κατηγορία με το *der Urwald*, αλλά είναι, επίσης, λέξη που δανείστηκε η Γερμανική για τη ζούγκλα. Συνεπώς, είναι ουδέτερου γένους: *das*)
- der/das Extrakt (ίδια κατηγορία με τα *der Auszug* και *das Konzentrat*)
- der/das Fakt (από το *das Faktum*)
- der/das Gelee
- der/das Iglu
- der/das Indigo
- der/das Joga/Yoga
- der/das Kehricht
- der/das Kosovo (ασυνήθιστη περίπτωση ονομασίας χώρας με δύο γένη)
- der/das Liter (οι Ελβετοί προτιμούν το *der*)
- der/das Link
- der/das Log-in/Login
- der/das Match (Οι Γερμανοί χρησιμοποιούν το *das*, επειδή είναι συνώνυμο του *das Spiel* – οι Ελβετοί προτιμούν το *der*, επειδή, η λέξη σημαίνει, επίσης, *der Wettkampf*)
- der/das Marzipan
- der/das Meter
- der/das Nougat/Nugat
- der/das Oman (*der* στην Αυστρία, Ελβετία και νότια Γερμανία)
- der/das Perron
- der/das Piment

- der/das Pontifikat
- der/das Purpur (η πορφύρα/το πορφυρό χρώμα)
- der/das Pyjama (οι Γερμανοί προτιμούν το *der*, επειδή είναι συνώνυμο του *der Schlafanzug*, οι Αυστριακοί και οι Ελβετοί προτιμούν το *das*, επειδή τα ουσιαστικά που λήγουν σε *-ma* είναι συνήθως ουδέτερου γένους)
- der/das Radio (στη νότια Γερμανία, την Αυστρία και την Ελβετία είναι συνήθως αρσενικού γένους, *der*, επειδή ανήκει στην ίδια κατηγορία με το *der Rundfunk*)
- der/das Scan
- der/das Silo
- der/das Spagat
- der/das Storno
- der/das Tattoo
- der/das Teil (*der Teil* = το αναπόσπαστο τμήμα ή μέρος ενός συνόλου, όπως στη λέξη *der Stadtteil – das Teil* = το τεμάχιο ή το λυτό κομμάτι ενός πράγματος, έστω και αν κάποτε ήταν μέρος του συνόλου/συνώνυμο του *das Stück*)
- der/das Techno
- der/das Terminal
- der/das Thermometer (οι Αυστριακοί και οι Ελβετοί προτιμούν το *der*, εξαιτίας του δεύτερου συνθετικού *der Meter*, ωστόσο, οι Γερμανοί χρησιμοποιούν το *das*, καθώς οι μονάδες μέτρησης της θερμοκρασίας είναι ουδέτερου γένους, όπως π.χ. *das Celsius, das Fahrenheit, das Kelvin*)
- der/das Thermostat
- der/das Viadukt
- der/das Virus (στην ειδική, επιστημονική γλώσσα προτιμάται το άρθρο *das*)
- der/das Volleyball

Στη δεύτερη θέση κατατάσσεται ο συνδυασμός αρσενικού/θηλυκού γένους:

- der/die Abscheu (η αποστροφή, η απέχθεια – η λέξη έχει τις ρίζες της στη συστολή/ντροπή, *die Scheu*. Στην αρχική μορφή, ωστόσο, το ουσιαστικό *Abscheu* χρησιμοποιούνταν συνήθως ως λέξη αρσενικού γένους, γεγονός που φανερώνει τις μεταβολές που μπορεί να υποστεί το γένος ορισμένων λέξεων με το πέρασμα των αιώνων.

- der/die Fussel (το χνούδι)
- der/die Mambo (λατινοαμερικάνικος χορός – οι χοροί είναι συνήθως αρσενικού γένους)
- der/die Oblast (το ομπλαστ, διοικητική περιφέρεια της Σοβιετικής Ένωσης)
- der/die Python (ενώ τα ουσιαστικά που λήγουν σε *-on* είναι συνήθως αρσενικού γένους, ο πύθωνας ανήκει στην ίδια κατηγορία με το *die Schlange*)
- der/die Samba (λατινοαμερικάνικος χορός – η κατάληξη *-a* είναι περισσότερο χαρακτηριστική των ουσιαστικών θηλυκού γένους, ωστόσο οι χοροί αποτελούν συνήθως κατηγορία αρσενικού γένους)
- der/die Salbei (το φυτό/βότανο φασκόμηλο – τα μπαχαρικά είναι συνήθως αρσενικού γένους, ωστόσο η κατάληξη *-ei* απαντάται συνήθως σε ουσιαστικά θηλυκού γένους)
- der/die Sellerie (τα λαχανικά αποτελούν συνήθως κατηγορία αρσενικού γένους, εκτός και αν λήγουν σε *-e*)

Έπειτα, έχουμε τον συνδυασμό θηλυκού και ουδέτερου γένους:

- die/das Aerobic (*die Übung* ή *das Fitnesstraining*)
- die App (die Applikation), *das App* (das Programm)
- die Cola (στη βόρεια Γερμανία) ή *das Cola* (στην Αυστρία, την Ελβετία και τη νότια Γερμανία)
- die/das Consommé (λέξη γαλλικής προέλευσης, ωστόσο η κατάληξη *-e* είναι συνδεδεμένη με ουσιαστικά θηλυκού γένους)
- die E-mail (στη βόρεια Γερμανία) ή *das E-mail* (στην Αυστρία, την Ελβετία και τη νότια Γερμανία)
- die/das Foto (είτε επειδή η αρχική μορφή του ουσιαστικού είναι *die Fotografie* είτε επειδή τα ουσιαστικά που λήγουν σε *-o* είναι συνήθως ουδέτερου γένους)

- die/das Furore (λέξη ιταλικής προέλευσης – τα γλωσσικά δάνεια είναι συνήθως ουδέτερου γένους, ωστόσο η λέξη έχει κατάληξη *-e* η οποία παραπέμπει κατά κύριο λόγο σε ουσιαστικά θηλυκού γένους)
- die/das SMS (οι Γερμανοί προτιμούν το *die*, επειδή το SMS είναι συνώνυμη λέξης του *die Kurznachricht*, ενώ οι Αυστριακοί και οι Ελβετοί προτιμούν το *das*, επειδή τα ουσιαστικά που δανείζεται η Γερμανική από άλλες γλώσσες είναι συνήθως ουδέτερου γένους)
- die/das Tram (στο μεγαλύτερο μέρος της Γερμανίας το *Tram* θεωρείται συντομογραφία της λέξης *die Trambahn*, γεγονός που δίνει στο ουσιαστικό το θηλυκό γένος, ωστόσο σε περιοχές της νότιας Γερμανίας και στην Ελβετία θεωρείται λέξη ξενικής προέλευσης, δηλ. «tram-car» ή «tramway», και έτσι απαντάται με το άρθρο του ουδέτερου γένους)

Κάποια ελάχιστα ουσιαστικά απαντώνται και στα τρία γένη:

- der/die/das Bookmark
- der/die/das Dingsbums (ο τέτοιος/ο πώς τον λένε)
- der/die/das Joghurt
- der/die/das Spam
- der/die/das Triangel

Θα πρέπει, επίσης, να προσέξουμε ότι κατά περίσταση το ίδιο ουσιαστικό, αλλά με διαφορετικό άρθρο έχει εντελώς διαφορετική σημασία, γεγονός που σημαίνει ότι θα πρέπει να γνωρίζουμε το ακριβές γένος του ουσιαστικού. Ευτυχώς, τα ουσιαστικά αυτά είναι πολύ λίγα:

- der Appendix (όταν αναφέρεται στο βιβλίο), die Appendix (όταν αναφέρεται στην ανατομία του σώματος)
- der Band (ο τόμος), die Band (το μουσικό συγκρότημα), das Band (η ταινία)
- der Katarakt (η πτώση των υδάτων του ποταμού), die Katarakt (η πάθηση των ματιών)

- der Kiwi (το πτηνό), die Kiwi (το φρούτο)
- der Kristall (το ορυκτό), das Kristall (το κρυστάλλινο αντικείμενο)
- der Lama (θρησκευτικός τίτλος στον Βουδισμό), das Lama (το ζώο)
- das Laster (το ελάττωμα), der Laster (το φορτηγό)
- der Mast (το κατάρτι/ο ιστός), die Mast (η πάχυνση/η σίτευση)
- der Moment (η στιγμή/το λεπτό), das Moment (η ροπή/η ορμή/η άποψη/η πτυχή)
- die See (η θάλασσα), der See (η λίμνη)
- das Tor (η πύλη, η πόρτα ή το τέρμα, το γκολ), der Tor (ο ανόητος)
- der Verdienst (το εισόδημα), das Verdienst (το επίτευγμα)

Ουσιαστικά χωρίς γένος

Υπάρχουν ελάχιστα ουσιαστικά τα οποία δεν έχουν γένος. Αυτά είναι, μεταξύ άλλων, τα εξής:

- Aids
- Allerheiligen (η ημέρα των Αγίων Πάντων που γιορτάζουν οι Καθολικοί την 1η Νοεμβρίου)

Η απάλειψη του γραμματικού γένους από ένα ουσιαστικό, επειδή αυτό χρησιμοποιείται χωρίς άρθρο, δεν είναι το ίδιο με την περίπτωση στην οποία παραλείπεται σκόπιμα το οριστικό άρθρο από κάποιο ουσιαστικό το οποίο, όμως, κατά τα άλλα, έχει συγκεκριμένο γένος και χρησιμοποιείται με το άρθρο του. Ευτυχώς, οι κανόνες που ορίζουν πότε το οριστικό άρθρο μπορεί να παραλειφθεί είναι σε αρκετές περιπτώσεις παρόμοιοι στα Ελληνικά και τα Γερμανικά. Όπως λέμε, «θέλω νερό», χωρίς το οριστικό άρθρο, έτσι και στα Γερμανικά παραλείπουμε το *das* πριν το ουσιαστικό *Wasser*. Το ίδιο ισχύει, όταν χρησιμοποιούμε αφηρημένες ή γενικές έννοιες, όπως για παράδειγμα, στη φράση «χρειάζεται υπομονή». Μόνο αν θέλουμε να γίνουμε πολύ συγκεκριμένοι, τότε προσθέτουμε το οριστικό άρθρο: «η υπομονή του Ιώβ» ή «θέλω το ζεστό νερό, όχι το κρύο». Το ίδιο συμβαίνει και στα Γερμανικά: τα άρθρα *der, die, das* προσδίδουν ακρίβεια.

Ευρετήριο και δοκιμασία αξιολόγησης

Για να ξεκλειδώσετε το γένος των ουσιαστικών στα Γερμανικά, θα πρέπει να γνωρίζετε το γένος στο οποίο παραπέμπουν συγκεκριμένες *κατηγορίες* και *φθόγγοι*. Το παρόν ευρετήριο μπορεί να λειτουργήσει, συνεπώς, και ως μια δοκιμασία αυτοαξιολόγησης των γνώσεών σας. Το κάθε λήμμα ζητά στην ουσία μια απάντηση στην ερώτηση: «Με ποιο γένος συνδέεται συνήθως το συγκεκριμένο λήμμα;».

A

B

Z

Υποσημειώσεις

[1] Σύμφωνα με την ανάλυση των περίπου 100.000 ουσιαστικών που απαριθμούσε το λεξικό *Duden - Deutsches Universalwörterbuch* στα μέσα του 2015. Πηγή: *Duden - Deutsches Universalwörterbuch.*

[2] Σύμφωνα με την ανάλυση που πραγματοποιήθηκε με τη βοήθεια υπολογιστή στα μέσα του 2015 των περίπου 16 εκατομμυρίων λέξεων (π.χ. λέξεις που επαναλαμβάνονται σε κάθε πιθανή πτώση), οι οποίες αποτελούν τη βάση δεδομένων του λεξικού Duden για τη γερμανική γλώσσα. Πηγή: *Duden - Deutsches Universalwörterbuch.*

[3] Ένα τέτοιο παράδειγμα αποτελεί το βιβλίο Γραμματικής των Γερμανικών με τίτλο *A Practice Grammar of German*, των Dreyer και Schmitt (2010), το οποίο απευθύνεται μέσα από τις 400 του σελίδες σε μαθητές με μητρική γλώσσα την αγγλική. Στην αρχή του βιβλίου αναφέρεται η συμβουλή να μην μαθαίνουν κανόνες για το γένος, αλλά να «αποστηθίζουν το οριστικό άρθρο του κάθε ουσιαστικού».

[4] Twain, Mark. 1880. «The Awful German Language», Παράρτημα D του *A Tramp Abroad*, Chatto & Windus.

[5] Köpcke, Klaus-Michael. 1982. *Untersuchungen zum Genussystem der deutschen Gegenwartssprache.* Max Niemeyer Verlag, σελ. 1. Ο συγγραφέας επικαλείται τέσσερις γλωσσολόγους της εποχής, για να στηρίξει τον ισχυρισμό του.

[6] Köpcke, Klaus-Michael. 1982. *Untersuchungen zum Genussystem der deutschen Gegenwartssprache.* Max Niemeyer Verlag. Ο Köpcke συνεργάστηκε στενά, επίσης, με τον David Zubin και δημοσίευσε από κοινού μαζί του πολυάριθμες μελέτες, όπως: Köpcke, Klaus-Michael και Zubin, David A., «Sechs Prinzipien für die Genuszuweisung im Deutschen: Ein Beitrag zur natürlichen Klassifikation», στο *Linguistische Berichte* 93 (1984), σελ. 26-50, η οποία αναδημοσιεύτηκε στο Sieburg, Heinz (επιμ.) 1997. *Sprache – Genus/Sexus*. Peter Lang. Βλ., επίσης, Zubin, D. A. & Köpcke, K.-M. 1981. Gender: A less than arbitrary grammatical category, στο R. A. Hendrick, C. A. Masek & M. F. Miller (επιμ.), *Papers from the seventeenth regional meeting, Chicago Linguistic Society* (σελ. 439-449). Chicago: Chicago Linguistic Society / Zubin, D. A. και Köpcke, K.-M. 1984. Affect classification in the German gender system. *Lingua*, 63: σελ. 41-96 / Zubin, D. A. & Köpcke,

K.-M. 1986. «Gender and folk-taxonomy: The indexical relation between grammatical gender and lexical categorization», στο C. Craik (επιμ.), *Noun classes and categorization* (σελ. 139-180).

[7] Οι πληροφορίες που περιέχονται στην παράγραφο αυτή σχετικά με τις ηλικίες στις οποίες τα γερμανόπουλα κατακτούν τις διάφορες όψεις του γένους των ουσιαστικών προέρχονται από τις μελέτες που αναφέρονται στο Mills, A.E. 1986. *The Acquisition of Gender: A Study of English and German.* Springer-Verlag.

[8] Krohn, Dieter και Krohn, Karin. 2008. *Der, das, die - oder wie? Studien zum Genuserwerb schwedischer Deutschlerner.* Peter Lang, σελ. 107.

[9] Köpcke, Klaus-Michael. Ιανουάριος 2009. *Genus,* σελ. 137, όπου γίνεται αναφορά στα πορίσματα τεσσάρων ξεχωριστών τέτοιων πειραμάτων.

[10] Τυχόν εξαιρέσεις μπορούν να αιτιολογηθούν βάσει άλλης κατηγορίας ή του συσχετισμού του ουσιαστικού με κάποιον φθόγγο (2ος Κανόνας). Βλ., για παράδειγμα, στο κεφάλαιο για τα ουδέτερα ουσιαστικά γιατί η μπίρα και το νερό είναι ουδέτερου γένους: *das Bier*, *das Wasser.*

[11] Πηγή: *Duden - Deutsches Universalwörterbuch* (στα μέσα του 2015).

[12] Οι πληροφορίες που περιέχονται στην παράγραφο αυτή σχετικά με τις ηλικίες στις οποίες τα γερμανόπουλα κατακτούν τις διάφορες όψεις του γένους των ουσιαστικών προέρχονται από τις μελέτες που αναφέρονται στο Mills, A.E. 1986. *The Acquisition of Gender: A Study of English and German.* Springer-Verlag.

[13] Βλ. το αρχαιοελληνικό και το λατινικό κείμενο στο Brugmann, Karl. 1889. «Das Nominalgeschlecht in den Indogermanischen Sprachen», στο *Techmers Internationaler Zeitschrift für allgemeine Sprachwissenschaft,* 4 (1889), σελ. 100-109, το οποίο αναδημοσιεύτηκε στο Sieburg, Heinz (επιμ.) 1997. *Sprache – Genus/Sexus*. Peter Lang, σελ. 33-43.

[14] Η εν λόγω υπόθεση αναλύεται στο Köpcke, Klaus-Michael και Zubin, David A., «Sechs Prinzipien für die Genuszuweisung im Deutschen: Ein Beitrag zur natürlichen Klassifikation», στο *Linguistische Berichte* 93 (1984), σελ. 26-50, το οποίο αναδημοσιεύτηκε στο Sieburg, Heinz (επιμ.) 1997. *Sprache – Genus/Sexus*. Peter Lang, σελ. 101-107.

[15] Τα εν λόγω ποσοστά αντλήθηκαν από τον Πίνακα 2.7 «Some Phonetic Rules of Gender Assignment in German», στο Mills, A.E. 1986. *The Acquisition of Gender: A Study of English and German.* Springer-Verlag, σελ. 33.

[16] Köpcke, Klaus-Michael. 1982. *Untersuchungen zum Genussystem der deutschen Gegenwartssprache*, Köpcke, Klaus-Michael. 1994. *Funktionale Untersuchungen zur deutschen Nominal- und Verbalmorphologie*, Köpcke, Klaus-Michael. Ιανουάριος 2009. *Genus.*

[17] Αντί να θεωρήσουμε ότι το ουσιαστικό *das Atelier* ανήκει στην ίδια κατηγορία με το *das Haus*, θα μπορούσαμε να το συσχετίσουμε με την κατηγορία του *die Wohnung,* κάτι το οποίο θα ήταν, επίσης, εύλογο. Ωστόσο, αυτός ο δεύτερος συσχετισμός θα σήμαινε ότι θα έπρεπε να αγνοήσουμε την κατάληξη *-ier*, η οποία υποδηλώνει συνήθως το ουδέτερο γένος, ιδίως αν σκεφτούμε ότι η λέξη αποτελεί γλωσσικό δάνειο γαλλικής προέλευσης.

[18] Η εν λόγω υπόθεση αναλύεται στο Köpcke, Klaus-Michael και Zubin, David A., «Sechs Prinzipien für die Genuszuweisung im Deutschen: Ein Beitrag zur natürlichen Klassifikation», στο *Linguistische Berichte* 93 (1984), σελ. 26-50, το οποίο αναδημοσιεύτηκε στο Sieburg, Heinz (επιμ.) 1997. *Sprache – Genus/Sexus*. Peter Lang, σελ. 97-98.

[19] Εδώ έχουμε μια άλλη σπάνια περίπτωση κατά την οποία τα συνώνυμα συναφών ουσιαστικών δεν έχουν το ίδιο γένος: είναι *der Swimmingpool*, αλλά *das Schwimmbad.*

[20] Αν λήγουν σε *-horn* είναι συνήθως ουδέτερου γένους: *das Matterhorn.*

[21] Βλ. στο κεφάλαιο για τα ουδέτερα ουσιαστικά στο λήμμα για την κατάληξη *-ier* γιατί η μπίρα είναι ουδέτερου γένους: *das Bier.*

[22] Απαντώνται επίσης: *der/die Mambo, der/die Rumba, der/die Samba.*

[23] Λέξη αγγλικής προέλευσης – τα γλωσσικά δάνεια είναι συνήθως ουδέτερα και, συνεπώς, το ουσιαστικό *Gag* θα έπρεπε να είναι ουδέτερου γένους. Ωστόσο, εδώ έχουμε ένα παράδειγμα όπου η κατάληξη προσέδωσε στο ουσιαστικό το αρσενικό γένος: *der Gag*. Ένα άλλο παράδειγμα είναι το *der Lag*, από το αγγλικό ουσιαστικό lag. Συνεπώς, η κατάληξη *-ag* είναι στενά συνδεδεμένη με το αρσενικό γένος.

[24] Βλ. στο κεφάλαιο για τα ουδέτερα ουσιαστικά στο λήμμα για τις «χώρες» πότε τα ονόματα των χωρών ουδέτερου γένους πρέπει να συνοδεύονται εμφανώς από το άρθρο *das*, αν και συνήθως αυτό παραλείπεται.

[25] Τα ουσιαστικά που αρχίζουν από *Ge-* είναι κατά κανόνα ουδέτερα. Ωστόσο εδώ έχουμε μια σπάνια εξαίρεση όπου η κατάληξη *-ang* προσδίδει στο ουσιαστικό το αρσενικό γένος. Συνεπώς, η κατάληξη *-ang* είναι στενά συνδεδεμένη με το αρσενικό γένος.

[26] Τα ουσιαστικά που δανείζεται η γερμανική από άλλες γλώσσες είναι συνήθως ουδέτερα ή αποκτούν το γένος που έχουν ήδη συνώνυμες λέξεις στα Γερμανικά. Το ουσιαστικό *der Toast* (από τα Αγγλικά, όπου σημαίνει τοστ και πρόποση) δεν εντάσσεται σε κανέναν από αυτούς τους κανόνες ως προς την πρώτη σημασία του (τοστ, ψημένο ψωμί), αλλά υπακούει στο γένος του συνώνυμου ουσιαστικού για την πρόποση: *der Trinkspruch.*

[27] Wegener, Heide. 1995. *Die Nominalflexion des Deutschen – verstanden als Lerngegenstand.* Max Niemeyer Verlag, σελ. 75.

[28] Ό.π., σελ. 75.

[29] Η απαρεμφατική μορφή των ρημάτων της γερμανικής γλώσσας αναγνωρίζεται από την κατάληξη *-en* , π.χ. στο ρήμα παίζω *spielen.* Ας μετατρέψουμε τώρα το απαρέμφατο *spielen* σε ουσιαστικό. Αν θέλουμε να αναφερθούμε «στην ενέργεια του παιχνιδιού» υπό την έννοια ότι «το να παίζει κανείς στον παιδικό σταθμό είναι σημαντικό», τότε γράφουμε το απαρέμφατο με κεφαλαίο, *Spielen*, για να συμβολίσουμε έτσι ότι μετατράπηκε σε ουσιαστικό. Τα ουσιαστικά που προκύπτουν από ρήματα με τον τρόπο αυτό είναι κατά κανόνα ουδέτερα: *das Spielen.* Ο κανόνας αυτός μας διευκολύνει, ώστε να μάθουμε το άρθρο πολλών ουσιαστικών που έχουν προκύψει με τον τρόπο αυτό. Αντιστοίχως, αν συναντήσετε ένα ουσιαστικό το οποίο λήγει σε *-en*, χωρίς όμως να προέρχεται προφανώς από κάποιο ρήμα, όπως για παράδειγμα το *Kindergarten* (προφανώς δεν είναι ρήμα), τότε το ουσιαστικό αυτό είναι κατά πάσα πιθανότητα αρσενικού γένους, καθώς η πλειοψηφία των ουσιαστικών που λήγουν σε *-en*, αλλά δεν προέρχονται από κάποιο ρήμα, είναι αρσενικού γένους, εξού και *der Kindergarten.*

[30] Τα ουσιαστικά που λήγουν σε *-ment* είναι συνήθως ουδέτερα – βλ. το κεφάλαιο για τα ουδέτερα ουσιαστικά.

[31] Για περισσότερες λεπτομέρειες σχετικά με την κατάληξη *-ier*, βλ. το κεφάλαιο για τα ουδέτερα ουσιαστικά.

[32] Wegener, Heide. ό.π., σελ. 75.

[33] Ό.π., σελ. 75.

[34] Αν σας φαίνεται ότι το ουσιαστικό *Butter* θα έπρεπε να είναι αρσενικού γένους, σε ορισμένες διαλέκτους σε περιοχές της νοτιοδυτικής Γερμανίας είναι πράγματι αρσενικό. Πηγή: Bastian Sick, *Zwiebelfisch*, «Der Butter, die Huhn, das Teller», www.Spiegel.de, 23 Αυγούστου 2006.

[35] Wegener, Heide. ό.π., σελ. 75.

[36] Ό.π., σελ. 75.

[37] Ό.π., σελ. 75.

[38] Τα ουσιαστικά που λήγουν σε *-ur* είναι συνήθως θηλυκού γένους – βλ. στο κεφάλαιο για τα θηλυκά ουσιαστικά το λήμμα για την κατάληξη *-ur*.

[39] Τα ποσοστά για τα ουσιαστικά σε *-ich* αντλήθηκαν από τον Πίνακα 2.7 «Some Phonetic Rules of Gender Assignment in German», στο Mills, A.E. 1986. *The Acquisition of Gender: A Study of English and German.* Springer-Verlag, σελ. 33.

[40] Köpcke, Klaus-Michael. 1982. *Untersuchungen zum Genussystem der deutschen Gegenwartssprache.* Max Niemeyer Verlag.

[41] Βλ. το λήμμα για την κατάληξη *-ing* στο κεφάλαιο για τα ουδέτερα ουσιαστικά.

[42] Βλ., για παράδειγμα, Köpcke, Klaus-Michael. 1982. *Untersuchungen zum Genussystem der deutschen Gegenwartssprache* και *Köpcke, Klaus-Michael. Ιανουάριος 2009. Genus*, σελ. 136, όπου παρατίθεται περαιτέρω βιβλιογραφία για το συγκεκριμένο ζήτημα.

[43] Η λέξη δεν έχει το ίδιο νόημα ούτε το ίδιο άρθρο με το ουσιαστικό *das Wort*.

[44] Ορισμένες εξαιρέσεις: *das Klavier*, επειδή τα ουσιαστικά που αναφέρονται σε άψυχα αντικείμενα και λήγουν σε *-ier* είναι συνήθως ουδέτερου γένους, όπως *das Bier, das Papier*. Αυτό σημαίνει, επίσης, ότι και η συνώνυμη λέξη του *Klavier*, *das Piano*, είναι ουδέτερου γένους. Στην περίπτωση του *Saxophon,* τα ουσιαστικά με δεύτερο συνθετικό λέξη ελληνικής προέλευσης διατηρούν συνήθως το άρθρο που έχει η λέξη στα Ελληνικά.

[45] Το ζήτημα αναλύεται στο Köpcke, Klaus-Michael και Zubin, David A., «Sechs Prinzipien für die Genuszuweisung im Deutschen: Ein Beitrag zur natürlichen Klassifikation», στο *Linguistische Berichte* 93 (1984), σελ. 26-50, το οποίο αναδημοσιεύτηκε στο Sieburg, Heinz (επιμ.) 1997. *Sprache – Genus/Sexus*. Peter Lang, σελ. 97-98.

[46] Τα εν λόγω ποσοστά αντλήθηκαν από τον Πίνακα 2.7 «Some Phonetic Rules of Gender Assignment in German», στο Mills, A.E. 1986. *The Acquisition of Gender: A Study of English and German.* Springer-Verlag, σελ. 33.

[47] Wegener, Heide. Ό.π., σελ. 75.

[48] Ό.π., σελ. 75.

[49] Βλ. το λήμμα «μονάδες μέτρησης της θερμοκρασίας» στο κεφάλαιο για τα ουδέτερα ουσιαστικά.

[50] Τα εν λόγω ποσοστά αντλήθηκαν από τον Πίνακα 2.7 «Some Phonetic Rules of Gender Assignment in German», στο Mills, A.E. 1986. *The Acquisition of Gender: A Study of English and German.* Springer-Verlag, σελ. 33.

[51] Τα ποσοστά για τα ουσιαστικά σε *-cht* αντλήθηκαν από τον Πίνακα 2.7 «Some Phonetic Rules of Gender Assignment in German», στο Mills, A.E. 1986. *The Acquisition of Gender: A Study of English and German.* Springer-Verlag, σελ. 33.

[52] Τα ουσιαστικά που λήγουν σε *-eur* είναι κατά κανόνα αρσενικού γένους, εφόσον αναφέρονται σε κάποιο επάγγελμα, ρόλο ή δραστηριότητα. Για περισσότερες λεπτομέρειες, βλ. το λήμμα για την κατάληξη *-eur* στο κεφάλαιο για τα αρσενικά ουσιαστικά.

[53] Τα ποσοστά για τα ουσιαστικά σε *-ur* και *-ür* αντλήθηκαν από τον Πίνακα 2.7 «Some Phonetic Rules of Gender Assignment in German», στο Mills, A.E. 1986. *The Acquisition of Gender: A Study of English and German.* Springer-Verlag, σελ. 33.

[54] Σύμφωνα με διαδικτυακή έρευνα που πραγματοποιήθηκε στα μέσα του 2017, η επιλογή *der* Kosovo υπερίσχυσε του *das* Kosovo με αναλογία 6:4.

[55] Εξαίρεση, αποτελεί, παραδόξως το *der Welpe* (το κουτάβι).

[56] Τα ποσοστά για τα ουσιαστικά σε *-ett* αντλήθηκαν από τον Πίνακα 2.7 «Some Phonetic Rules of Gender Assignment in German», στο Mills, A.E. 1986. *The Acquisition of Gender: A Study of English and German.* Springer-Verlag, σελ. 33.

[57] Τα ποσοστά για τα ουσιαστικά σε *-ier* αντλήθηκαν από τον Πίνακα 2.7 «Some Phonetic Rules of Gender Assignment in German», στο Mills, A.E. 1986. *The Acquisition of Gender: A Study of English and German.* Springer-Verlag, σελ. 33.

[58] Απαντάται, επίσης, και ως *die Foto*, εξαιτίας της αρχικής μορφής της λέξης από την οποία προέρχεται, *die Fotografie*.

[59] Η εν λόγω υπόθεση αναλύεται στο Köpcke, Klaus-Michael και Zubin, David A., «Sechs Prinzipien für die Genuszuweisung im Deutschen: Ein Beitrag zur natürlichen Klassifikation», στο *Linguistische Berichte* 93 (1984), σελ. 26-50, το οποίο αναδημοσιεύτηκε στο Sieburg, Heinz (επιμ.) 1997. *Sprache – Genus/Sexus*. Peter Lang, σελ. 101-107.

[60] Schulte-Beckhausen, Marion. 2001. *Genusschwankung bei englischen, französischen, italienischen und spanischen Lehnwörtern im Deutschen: Eine Untersuchung auf der Grundlage deutscher Wörterbücher seit 1945.* Peter Lang, σελ. 223.

www.ingramcontent.com/pod-product-compliance
Lightning Source LLC
LaVergne TN
LVHW091427190726
843491LV00006B/1640

* 9 7 8 3 9 5 2 4 8 1 0 9 7 *